宫廷珍韵

史溪棠

范永军 编著

黑龙江美术出版社

紫砂

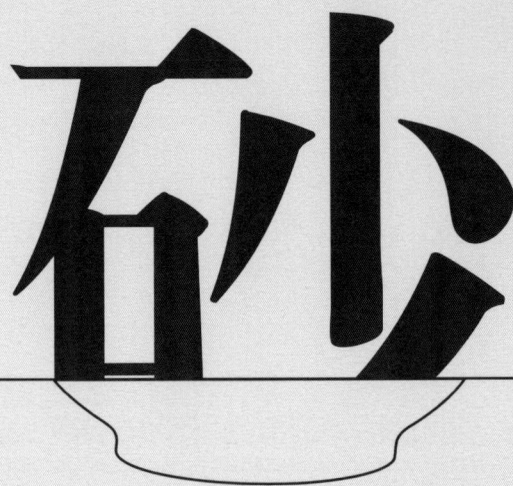

人间珠玉安足取,
岂如阳羡溪头一丸土。

巧琢出玲珑 风雅染朱颜

抟艺不辍 素心以陶

20世纪70年代，我中学毕业，于家中务农。我的母亲长期为紫砂工艺厂加工乡坯，农闲时我就帮母亲打下手，为我今后的紫砂壶制作打下了好的基础。

最初学习做壶，是由于生活压力。1986年，当时所在农村劳动收入大概每人每天3元，但要是能做出一把壶，可以卖到50元至100元，质量好的甚至更多。90年代初，海峡两岸贸易日益紧密，尤其是大量台商进入长三角，台湾人替代香港人成为宜兴紫砂壶的又一价格推手，在商品经济体系的运作下，宜兴紫砂壶产业蓬勃兴旺，一度风行东南亚，像我这样以制壶为生的手工艺人，生活水平也因此得到了极大的改善。

一把壶的诞生，需要长时间的积累。初学期，打泥片、做工具、学成型就要三年，系统学习制壶也要三年，六年的基本功磨练下来，才能把制壶工艺融会贯通。在此之后，我又学习了两年造型设计，把理论与实践相结合，边做壶边摸索，逐渐形成了自己的创作风格。

90年代中期，范伟群老师成立范家壶庄，我师承范伟群老师，进壶庄学习制作技艺。2005年，我拜入中国工艺美术大师吴鸣先生门下，在其指导下，系统深入学习紫砂技艺。吴鸣老师的壶艺创作，是基于源于文化的审思，基于传承的再造，他不慕名利，从容淡泊，用求道之心在紫砂的方圆内外中求索。他的艺术素养和艺德追求，都对我有着深刻的影响和启发。

从创新的角度来看，做壶最基本的，就是先要有手上功夫，有了手上功夫以后，就要我们吸收历史文化的精髓，并在此基础上进行创作。耐心和细致，是壶艺创作必须的品质要求。创作一件新的器型，我会先将脑中的想法绘制于设计图纸上，找到相适配的泥料和工具，推敲琢磨，才能下手制作。先做小样，后反复修改，力求体现紫砂的艺术美感。通过一件好的作品，作者自身的艺术修养、对世界的认知、对生活的态度，都可以有所展现。

一点朱砂 万千锦绣

山高有仙水有龙，龙腹如橼朱砂红。朱色，被纳入传统五色观的赤色系列中，属五正色之一，寄位于南方，属火，代表光明向阳之色；朱雀，为镇守南方的四灵之一。清代的段玉裁在《说文解字注》中，就详细描写了"朱砂红"：朱红淡，大红浓。大红如日出之色，朱红如日中之色。

朱泥是紫砂泥中比较特别的一种，色泽娇艳，温润细腻，产量也稀少，是红泥中之精品。朱泥的色泽与紫泥相比，透着一股活色生香的热烈，既有青春活力、热情奔放的朝气，又有日出东方，气贯长虹的大气；自带端雅古典之美，又红得喜庆吉祥。

从茶文化视野观察，紫泥壶主要是依附于江南茶文化，并以文人参与为经络，一脉传承下来；而朱泥壶则依附于东南沿海的工夫茶文化，并以茶民对茶器求精崇古的风尚盛极一时。自明末清初诞生以来，名家制作的朱泥小壶，就是达官贵人、文人士大夫的必备门面，彰显着其社会地位和高雅品位。

我与朱泥结缘，也是受到市场潮流的影响。广东潮汕地区和福建闽南地区流行喝工夫茶，因此带动了宜兴朱泥小品壶的畅销。在制作朱泥壶的过程中，我逐渐了解到朱泥的泥性、矿土构成等特点，也通过观察临摹前人所创制的经典朱泥壶，提高了鉴赏水平。朱泥壶有它的奥秘之处，尤其在弧度与收放之间，既有造型的艺术美，又有生灵般跃动的质感美。

朱泥壶成型不易，一是因为朱砂泥料细度高，黏性差，二是由于收缩率大而导致极易变形。每一点细微的瑕疵，在朱泥强大的收缩率面前也会被放大，因此用朱泥做出挺拔刚正、棱角分明的方器难度极大。市场上的朱泥壶多以光素圆器小品壶为主，而我投入心力研制朱泥方器，是源于被紫砂七老艺人之一的王寅春所作《八方盅形壶》打动，其创意新颖，造型大气，器度雍容典雅，赏心悦目，有限的空间中蕴含着无限生机与魅力，深深地吸引了我。

艺术源于自然，源自创作者的所见所闻、所知所感，也源自人们对生活、对现实的追问与探索。我曾经做过木匠，对八仙台、合凳等古典家具的制作，驾轻就熟，因此积累了不少图案设计和元素组合的经验。将木工的技艺运用到制壶上，就让我对点线面的把握和器物的整体协调度，有了充分的掌控力。

经验的叠加，推动着技艺的精进，使我在面对朱泥这一载体时，脑中自然涌现出各种不同的灵感，也就有了源源不断的创作动力。

琢沿古意 妙续华章

镂空装饰手法非常古老，早在七千多年前的新石器时代，就在陶器上出现了。

紫砂镂雕，始于明末清初，流行于清康熙、雍正、乾隆时期。最开始镂空壶只有镂空层，不能装水，只作为生活装饰；至近代，一些制壶工艺师偶作透雕尝试，镂空处有两层胎体，外层为镂空层，内层为"壶胆"，才可泡茶。镂空设计能透气保湿，颇具科学道理，为一大胆创新。

镂空壶工艺繁复，它是由一个内胆和四面镂空片组成，有时还要顶盖镂空。镂空片的结构比较脆弱，稍不注意就会出现断裂，这就需要作者在创作的时候不仅小心谨慎，还要注重图案美观。因制作工艺繁琐，技术难度大，镂雕及烧结成品率极低，朱泥与镂雕结合更是难上加难，制作朱泥镂雕作品，是一个不断克服困难、挑战自我的过程。

有一件对我影响较深的朱泥镂雕作品，是台湾地区出版的刊物《壶中天地》里收录的，台湾著名收藏家王度先生的藏品《玲珑六方贴花椒壶》。此壶为清早期典型外销欧洲壶式，壶身剔花纹饰多寓意吉祥，富有东方文明的智慧。朱砂胎质，六面立体开光，皆饰镂空梅花纹，六方形三弯流，其根部为龙首，龙身为把，鳞次栉比，曲折相间。高颈贴塑如意螭龙，雄姿逶迤。壶盖饰以镂雕梅花纹，瑞兽为钮，整体堂皇庄丽，繁华溢彩。

朱泥镂雕的宫廷器，以繁复精细彰显雍容华贵，我将朱泥与镂雕技艺相结合，从雕刻、建筑、剪纸金银玉饰里，汲取前人的纹饰手段与结构技巧，精研古代王官御用茶具，把木雕、玉雕等多种工艺技艺融入到朱泥壶的设计制作之中。我的朱泥大品壶系列、方壶系列、贴花系列、玲珑镂空壶系列等，大多以清代贡品壶为参照，并融入了自己创作感受，在保持了壶的实用性和艺术性的同时，将深厚的文化底蕴融进造型之中，以创新的壶型，展现紫砂文化和艺术的气韵。

2017年9月，在江苏省首届乡土传统技艺现场制作的决赛上，我创作了《日进斗金壶》和《堆金积玉壶》，通过这两件作品，来反映新时期的农民在党中央领导下，积极向上、脱贫致富的精神风貌。"日进斗金"壶盖作镂空处理，以古代钱币纹装饰，方形壶盖满布铜钱纹饰；扁方的高提梁与壶体产生虚实对比，底部用梯形托榫足支撑，强调了传统审美中"虚实对应"的造型理念。"堆金积玉"方圆共体，扁方的壶盖与壶身和谐呼应，镂空的传统古钱币花式显现出别致精雅，有古韵又具新的美术感观，俊健修长的壶流和方形线条的壶把相互呼应，有一种男子汉存世间大智若愚的姿态。

庄严大气的红色宫殿和围墙，精致典雅的红色长廊，耀眼的红琉璃瓦，无处不在用红色展示着统治者至高无上的地位和权势。天子朱批，贵胄朱门，朱红色，是最纯正的中国色；镂空壶所承载的镂雕技巧和历史文化底蕴，是古代宫廷器造型艺术的辉煌延续。于我而言，创作朱泥镂雕作品，不仅是传承镂雕工艺，还要不断开发、设计新品，提升镂空壶的精致感，在多元化审美的今天，让朱泥镂雕作品得到更多人认可和喜爱。

无问西东 行稳致远

宜兴紫砂自十七世纪由葡萄牙商人输入欧洲，被外国人称为"红色瓷器"或"朱泥器"。因其代表着古老的陶都、华夏的文明，因其雍容大度的胸怀、器宇轩昂的气质，因其具有物质和精神的双重属性，而被誉为茶席重器、壶中君子。

发端于明代，兴起于清代中叶，鼎盛于清代后叶至民国初年的宜兴紫砂海外贸易，直接推动了紫砂的发展、紫砂文化的兴盛。紫砂传统工艺是建立在紫砂材质特性之上的，紫砂艺人的长处和优势，是能自如驾驭紫砂泥料的特质，在独特的紫砂

艺术语言中渗入现代陶艺美学。与其他陶艺门类一样，紫砂陶艺也需要与时俱进、传承创新，才能拓展生存空间，不断走向繁荣。

长期以来，我都会去参加一些海外展出和学术交流活动，比如在英国伦敦大学举办的学术交流会、在大英博物馆举办的宜兴紫砂特展、阿联酋阿布扎比世界非物质文化遗产大会、加拿大多伦多艺术展、美国亚洲艺术展等，并应邀前往韩国、俄罗斯、美国等国进行陶艺学术交流。

陶艺家之间跨地域、跨国界的艺术交流，不仅可以向世界展示中国的璀璨文化和技艺传承，更能够通过国际间的陶艺交流、展示活动，融合新的艺术潮流，突破原有的审美理念和思维定式，寻求紫砂壶艺创新的切入点。这为传统紫砂顺应时代、走向未来，注入了活力，拓宽了路径，尤其是对当代紫砂在国际化语境和社会文化变迁环境中传承光大，具有重要的意义。

还须朱砂好颜色，风姿潋滟引人醉。朱泥之美，美在明艳，也美在温润——不急于表达，不奢求回报，安之若素，静默绽放。从艺三十多年，我在探索朱泥和镂雕工艺的道路上默默耕耘，用作品说话，得到了业界和藏家的认可。在创作上我从不将就，为作品选用最贵最好的泥料，邀请陶刻名家刻绘装饰，不计成本，只用一颗炽热的心去雕琢、去赋形，以切磋琢磨的工匠精神，将材质美、造型美、装饰美、功能美和人文美融于一器，将醇厚的东方古韵与现代的摩登气息融于一室，雕琢出东方美学独有的气度。

范永军

范永军

研究员级高级工艺美术师

江苏省传统技艺技能大师

正高级乡村振兴师

江苏省技术能手

宜兴市紫砂陶制作非遗传承人

江苏省乡土人才三带能手

中国陶瓷行业协会会员

中国工艺美术学会会员

1962年生于宜兴，大学本科学历。从艺于1991年，先后师承江苏省工艺美术大师范伟群，中国工艺美术大师吴鸣。

学艺重博取。在系统研学紫砂技艺的同时，上对王宫御用茶器深入了解，下对民间木雕、玉雕、剪纸等手工艺广泛涉猎，且学且用，多种技艺融入创作设计之中，所制作品，取材新颖，取艺多门，有高古大气，又有烟火气息；有传统风骨，又有时尚风貌，形成了"识别度"较高的独特风格。

从艺重"个性"。朱泥贴花系列壶，朱泥玲珑镂空系列壶，作品个性鲜明，社会"识别度"较高，集实用、欣赏、收藏于一身，受到壶艺爱好者、收藏家的喜爱。

2007年，大韩民国檀国大学校陶艺研究所学生来宜兴学习紫砂壶时担任培训老师。

2007年，应大韩国民檀国大学校陶艺研究所邀请赴韩陶艺交流。

2016年，参加由中国国家旅游局和英国伦敦城市大学举办的"紫气东来·中国紫砂艺术赴英国展"；"华人世界·中国紫砂走进大英博物馆"活动，CCTV节目作专题报道、英国卫报英文版、CCTV中文国际频道欧洲版作专题报道。

2016年，受邀出席第七届阿联酋"谢赫扎耶德文化遗产节"。

2018年，受邀出席卡尔加里紫砂艺术国际论坛。

2018年，受邀赴俄罗斯参加在莫斯科举行的艺术交流活动。

2019年，受邀参加美国亚洲艺术展。

2009年，由中国工艺美术学会和宜兴市陶瓷行业协会、韩国陶瓷文化协会联合举办的"中韩陶瓷名人100人展"，《纳福壶》获金奖。

2009年，作品《菱花如意》被韩国陶瓷文化博物馆收藏。

2010年，江苏省陶瓷艺术创新作品评比活动中《四季花香》获二等奖。

2011年，在质量万里行走进陶都活动中，被评为紫砂精英 。

2012年，作品《合菱壶》被吉林省博物馆收藏。

2013年，作品《金色年华组壶》获第十五届轻工业协会举办的国家级工艺美术博览会金奖。

2014年，作品《圆壶》被中国紫砂博物馆收藏。

2015年，作品《瓜形壶》被广西壮族自治区博物馆收藏。

2015年，获宜兴市非物质文化遗产项目代表传承人·宜兴紫砂陶制作技艺传承人称号。

2016年，荣获第四届中国非物质文化遗产博览会·传统工艺项目（陶瓷手工成型）二等奖。

2016年，作品《锦上添花》获大英博物馆举办的特别展览——宜兴紫砂的艺术嘉许奖。

2017年，获江苏省首届乡土人才传统技艺技能大赛紫砂陶制作项目二等奖。

2018年，获江苏省首届乡土人才传统技艺技能大赛"江苏省技术能手"称号。

2018年，荣获江苏省轻工业行业协会十大工匠提名奖。

2018年，获第五届中国非物质文化遗产博览会传统工艺比赛陶瓷成型项目第三名。

2019年，在"献礼新中国70年—中原陶瓷文化艺术大奖赛"中获评为中原人民最喜爱的陶瓷艺术家称号。

2019年，作品《龙珠》获首届世界壶艺大赛组委会特别银奖。

2020年，作品《禾瓢》获第三届江苏省陶瓷艺术评比设计创新类一等奖。

2020年，获宜兴市非物质文化遗产代表性项目名师工作室。

2021年，作品《花团锦簇》获第十一届中国陶瓷产品设计大赛金奖。

TEAPOT

千修百炼别深宫，紫袍红衣羞花容；
满腹经纶乾坤藏，青春永葆伴君同。

目录
CONTENTS

一镂 ◎ 一天地

CHAPTER 1

一方 ◦ 一世界

CHAPTER 2

一圆 ◦ 一无限

CHAPTER 3

我们是不是愿意来珍藏一段回忆，
一份友情，一个有爱的故事，
和一些莫名的包容与宽容？
用锦盒，轻放在红木的架子上，
常常会取出拂拭，
捧在手心，使其光芒永恒。

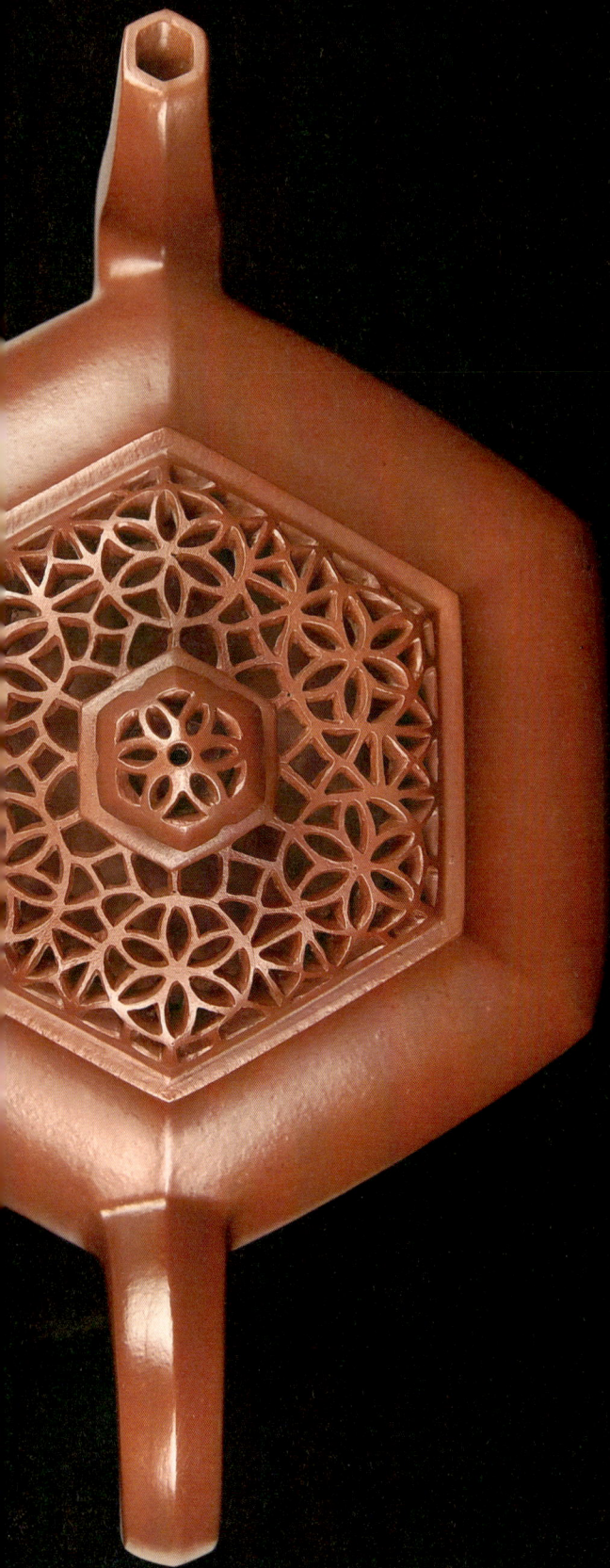

镂 ◎ 一天地

镂雕，采用的是一种『镂』的技法，本指物状的镂空之意。镂、镂刻、镂雕是相关联，密不可分的，俗称为『镂空』，实质是『镂雕』。

○— 日进斗金

○—锦上添花

手执香茗，品尝生活的味道，淡淡的一丝香甜，

柔柔的一缕心音，任幽香冲去了浮尘……

四季沐风 满园花香

——浅述《四季花香》的壶艺特征

江苏宜兴 214221 范永军

摘要：紫砂作品《四季花香》选用优质紫砂泥制作而成，以娴熟的镂雕技艺展现四季美景，装饰意象如行云流水，浑然天成。四时美景在一把壶中绽放，花香满壶，沁人心脾，闲坐时光深处，淡看人世沉浮。茶壶古朴醇厚，工艺精湛，绚烂至极又回归平淡自然。

关键词：紫砂壶；四季花香；镂雕

宜兴紫砂，历史悠久，造型万千，内涵丰富，是集合了各种形式美的艺术合体。紫砂之美，不仅仅是单一的外观美丽，更是一种综合形式的美的展现。紫砂之美，在于其泥料之美，大自然的恩赐之物，在烈火中蜕变为人们心中名副其实的茶具艺术，有着斑斓的色彩，迷人的砂韵，实用的功能。紫砂之美，在于艺人手中一点一线一面的神奇构造，须臾之间，朴实的泥巴变化成美丽的茶具，艺术诞生于手掌之上，融古贯今。紫砂之美，在于它所含文化之韵，每一款器型都有属于自己的一方天地，并独自灿烂，照耀

○── 四季花香

世人。作为一名紫砂从艺人员，都有着属于自己的艺术追求。每位艺人一路兢兢业业只为力求让作品流芳千古。我就是千千万万紫砂匠人中的一位，用最朴实的紫砂泥诉说着对紫砂的热爱，对家乡的关怀，对文学的追求，对传统的敬重。我的作品以镂雕见长，镂雕即在紫砂壶多变的造型之上进行镂空装饰。这种装饰技法盛于清朝，但碍于难度太大现代已经不多见了，不过这并不能妨碍人们欣赏它的工艺之复杂与造型之美感。

本人自幼酷爱书画艺术，于浓墨淡彩之间寻找紫砂摹物与传神之间的最佳契合点。平时日复一日的学习与模仿，为我的书画功底打下了扎实的基础，人物、花鸟、山水等美的事物都可以尽情地通过笔墨绘画出来。很多艺人都会借助自己的书画功底在宜兴紫砂壶上挥毫泼墨、赋诗题词，将书画艺术与宜兴紫砂艺术结合到一起，展现文化融合的美感。但是我选择了镂雕这一独特的装饰方式，虽然名称不同，手法不同，但是相通的是都通过一把钢刀在紫砂壶体上留下中

国传统艺术之精华。

紫砂作品《四季花香》选用优质紫砂泥制作而成，以娴熟的镂雕技艺展现四季美景，装饰意象如行云流水，浑然天成。试想一下，三月沐风，草长莺飞，春意盎然；七月当空，夏蝉鸣叫，生机勃勃；十月金秋，万物丰收，丹桂飘香；腊月寒冬，银装素裹，梅香如故。四时美景在一把壶中绽放，花香满壶，沁人心脾，闲坐时光深处，淡看人世沉浮。故为此壶取名"四季花香"。茶壶古朴醇厚，工艺精湛，绚烂至极又回归平淡自然。

人间紫砂富贵花，来自朱泥的莹润多情，使得作品《四季花香》在朱泥的壶身中赋予点点金砂，为整器增加了富贵之气。此款茶壶整体就像一只花樽，四季鲜花插在其中，花香也仿佛扑面而来。造型秀致挺立，壶体由壶身、壶颈两部分组成，再加上的、流、把的搭配，使用时方便又称手。壶身如一个饱满的扁圆球体，圆润充实，壶身上是圆柱体的壶颈，并不高大，笔直的线条流转往下，在经

过壶身时陡然转为光滑的曲线，充满了线条的韵律与美感。此外，截盖设计，口盖齐整融合。扁圆的壶钮就像是缩小版的壶身，灵动活泼，动感十足。纤细的三弯嘴与挺翘的飞把分别伫立在壶身两侧，就像美人的曲线一样婀娜有致，极尽万种风情。线条在壶身游走，从上到下，曲曲直直，将变化之美展现得淋漓尽致。块面之间承转开阖，道尽了紫砂之韵。最为人称道的就是壶身上的镂雕装饰，壶身正反两面分别进行两处镂雕，合起来整壶就有四个小块面进行了相关装饰，每一块雕刻了一季的花朵，春之兰，夏之荷，秋之菊，冬之梅，在壶身上尽情地绽放，入眼的是四季风景，扑鼻的是兰之空幽，荷之不染，菊之潇潇，梅之孤傲。让人沉迷于四季更迭，不能自拔。

镂雕工艺可谓十分了得。我把自己的镂雕定义为：在浅层次中求深层次。紫砂壶的坯体厚度只有大约3毫米，有的薄胎甚至只有2.5毫米厚度，艺人需要通过"镂"的工艺在上面形成各种形状的镂孔，再通过组合排列形成美丽的花纹图案。镂雕装饰，画面感十分强烈，讲究排列的秩序，组合的变化，以及层次的排列，从而达到镂雕的装饰目的。

欣赏作品《四季花香》总是能让人心情美好。清清浅浅人生路，简简单单随缘性。拾一段光阴暖心，剪一窗风景怡情，观一池湖水静心，抛俗尘杂念修心，便是人生最美好的清浅岁月。于是，在四季花香中，用宜兴紫砂壶喝喝茶，于天地自然中静坐，

在茶香四溢中，香郁回甘。放眼天地间，赏四时美景，鸟语花香，听那风声如笛，看那云卷云舒，宠辱不惊，云淡风轻，又何必在乎人生几何。

艺术的美好就在于让人心情愉悦，徜徉艺术天地，如沐春风，温暖身心。而作品的好坏和艺人的艺术观念密切相关。紫砂艺人的艺术观非常富有哲理：作品形体语言，能反映出作者的个性、风格。完美的作品是艺术家生命的延续，成功的艺术品要经得起历史的鉴证。鉴于此，作品《四季花香》结合了紫砂语言，被赋予了极其强大的精神感染力，给人以感官和精神的饕餮享受。

出生于江南，受这片土地的恩泽，我将自己的一腔热诚都献给了紫砂创作，将一把美轮美奂的紫砂壶，搭配上深厚的镂雕技艺，壶之底蕴自然更上一层楼。紫砂艺林中，正需要有源源不断的新鲜血液融入，为这份紫砂历史添上一份活力与动力，让紫砂文化历久弥新。如今我已至六十耳顺之年，从艺三十多年，积累了丰富的经验，掌握了大量的壶艺知识，只要保持对艺术的不懈追求和创造力，就能继续在紫砂事业中发光发彩。我也相信只要紫砂从艺人员团结在一起，一定可以使得紫砂在历史长河里焕发出独特的光芒，丰富我们的传统文化，照耀我们的艺术人生。

赏析《花团锦簇》的造型与装饰

江苏宜兴 214221 范永军

摘要：方器的制作较之圆器难度显大，镂空装饰更是复杂繁琐，紫砂壶《花团锦簇》造型呈六方形，加之镂空装饰，既在传统壶型的基础上做了创新，又很好地阐释了"花团锦簇"这个词语的意义，可谓是一举两得。

关键词：紫砂壶；花团锦簇；镂雕

宜兴紫砂诞生于明朝，至今已有六百多年的历史了，其成为家喻户晓的茶具之首的时间也不算短。现在的网络发达，通过视频、网络、搜索等手段，人们对紫砂的了解也进一步加深，但是对这门在陶瓷文化中占有举足轻重地位的艺术依然有着诸多不解。例如，深矿中的矿石到底是怎样被制成茶壶的？宜兴紫砂为何至今都坚持纯手工制作？还有明明没有添加釉水，紫砂壶为什么依然有着五颜六色的色泽……诸如此类的问题太多，使得紫砂就像一位神秘的美丽女郎，吸引着无数爱茶爱壶之人。其实，紫砂并不是复杂的茶壶，但是其制作工艺、烧成工艺、装饰工艺都非常成熟完美，因此才能成就独一无二的茶具艺术。宜兴紫砂不是通过有色釉彩画装饰来达到陶瓷艺术的审美效果，而是通过形状和结构来表达其外在和内在的美，这是有别于其他陶瓷技术的一大特色。在宜兴紫砂陶艺园中，各种紫砂陶艺具有圆润的珍珠玉质，饱满而丰盈，又具有方形特有的端庄典雅，硬度和柔软度。他们表达的主题与传承了数千年的中华民族文化一样，内容丰富，取之不尽。

紫砂的造型是主题表达与内涵传达最重要的部分，方器有着阳刚雄猛的特征，圆器代表着饱满与圆融，筋纹是严谨与律动的代表，花器囊括了大自然的无限风情。可以说大自然和传统文化是智慧的宝库，艺人在用自己的智慧将之一一汲取，为紫砂生花。紫砂艺术也因为有着自然与文化的养分供给，茁壮成长，并蔚然成风。

1.紫砂壶《花团锦簇》的造型

艺术造诣的高低往往在于创作者自身的修养和认识水平。艺术的形式多种多样，可以是文学创作，也可以是绘画雕塑，紫砂艺术作为中国传统艺术之林的一朵奇葩，几百年傲立其中而愈来愈散发出耀眼的光芒，可以说紫砂匠人们付出了无数的汗水和心血。《花团锦簇》造型出众，韵味清雅，让人于一片花海中感悟自然之美，生活之美。

紫砂壶《花团锦簇》造型呈六方形，加之镂空装饰，既在传统壶型的基础上做了创新，又很好地阐释了词语的意义，可谓是一举两得。第一眼看到此作品就觉得耳目一新，它既保留了紫砂陶特有的古朴韵味，又在造型上标新立异，壶嘴、圈把等部位和六方体壶身相互协调统一，形成了一个饱满雅致的整器，让人赏心悦目。此款茶壶《花团锦簇》采用紫泥制作，身形是方器中的六方体，又似传统壶型"宫灯壶"，寓意十分美好。壶身进行不同图形的镂空装饰，花团锦簇，美轮美奂，演绎出六方器型的神俊风范。

方器的制作较之圆器难度显大，镂空装饰更是复杂繁琐，所以此件作品十分难得。造型上艺人将"方"的艺术贯穿了全壶，壶身、壶流、壶把都是方式形制，显得器正敦朴、饱满，壶盖、壶钮、壶身均采用镂空装饰，图案细腻，花纹复杂，加之紫泥的润泽，格外生动。截盖严丝合缝，流把设计均符合人体力学，做工精妙，极为难得。

2.紫砂壶《花团锦簇》的装饰

紫砂工艺发展至今，装饰技艺已经趋于完善，陶刻成为了装饰大军中的攻坚力量，贴塑、泥绘等装饰也屡见不鲜。镂雕则是偏小众的一门技艺，但其图案之精美是其他装饰所无法比拟的。纳万福，祈百寿，此件茶具作品，凭借艺人一双手，一把钢刀，在壶体上进行艺术创作，这是艺人刻画功力的展现，也是紫砂镂雕的完美体现。每个图案都由钢刀无数次镂、切、刻组成与聚集，锋刃起止处呈艺术之美。在精美的花纹图案中，有着顿挫起伏，也有深浅层次，鸟语花香，清风拂面，浅析入微，镂刻成画。

器之心，匠之本，美好的画面在紫砂艺人熟练的镂雕技艺的施展中如影随形，俏丽缤纷。镂刻内容与壶整体造型的协调性，充满了文化韵味，极具艺术价值。遥看紫砂壶《花团锦簇》就像一个含苞待放的花骨朵，待到三月沐风，便烂漫绽放，彼时花团锦簇，岁月美好。

3.紫砂壶《花团锦簇》的创作内涵

紫砂作品《花团锦簇》乍看是一件精美的紫砂器，但仔细欣赏会发现作品不同于寻常物。虽然展示的是朴实无华的紫砂壶，装饰的是国色天香的花朵，但却不显半点的尘俗之气。挺括的壶身，精美的花朵图案镂空装饰于壶上，在壶身和壶盖、壶钮上充分体现，本身娇美的花朵赋予了茶器静气之态，为了突出画面的灵动与自然，再配以无数镂空的菱形图案，这样的设计就像点睛之笔，立刻盘活了整个画面。整器静中有动，动中亦有静，并借助春花的烂漫形象提升了整个茶壶的气质与内涵，可以说壶中承载的不仅是茶水，还有那生机盎然的春天。

创作这件作品还有一个重要意义就是为了以百花盛开之姿歌咏祖国盛世繁华。春天是一个充满希望的季节，万物复苏，百花盛开，承载了国人多少的诗意情怀，也象征着祖国繁荣昌盛，似花团锦簇。于是借助手中朴素的泥土来表达自己对春花的喜爱，对家国兴盛的欣喜。自然的美妙，生活的情趣，与紫砂壶的实用性融为一体，给人以清新、活力之感，观之亲切，赏之怡然，品之爱不释手。

4.总结

艺术是从生活中来的，自然也是为生活服务的。紫砂壶的优势就是很好地把握了实用与艺术的平衡点，既能通过天然的紫砂泥料和纯手工制作将紫砂壶的饮茶泡水功能发挥到最大限度，又能在不影响使用的前提下发挥自己的艺术性。所以宜兴紫砂通过诸多方面的努力最终成为了一门具有地域特色的手工艺术品，并在艺术的殿堂中熠熠生辉，受人喜爱与追捧。

花团锦簇

青葱绿翠，云雾缭绕。

花团锦簇，飞鸟和鸣。

论紫砂《金色年华》的创作趣味与艺术魅力

江苏宜兴 214221 范永军

　　俗话说"人间珠玉安足取，岂如阳羡溪头一丸土"，这其中的"一丸土"，称誉的就是江苏宜兴出产的紫砂。近年来，紫砂茶具屡屡掀起收藏热潮，层出不穷的名人逸品也使原本已持续走高的价格走势更为高涨。究竟紫砂工艺的欣赏价值和艺术精粹体现在何处呢？很多人都抱有这样的疑问。关于这个问题我也一直在思考，现在，当我与紫砂壶相处了几十载后，越来越坚信，功能、造型、内涵结合在一起就是紫砂壶的本来面目。千百年来紫砂壶作为一种艺术而流传是不争的事实，与此同时，其泡茶的实用功能也是最具魅力的特色之一。时代的进步，给了紫砂壶前所未有的发展空间，也给其带来了不小的困扰，很多艺人对壶艺进行创新，一味地追求外表的华丽，而忽略了本质的探求。我认为，只有尊重紫砂本质，以最本真的心去进行创作，作品才能很好地体现出紫砂古朴自然的砂土本色。

　　我创作的紫砂作品，五色晶莹，气韵文雅，工朴而妍，尽展细、润、温、凝的特色，而且注重摄取绘画与浮雕之长，与壶艺实现有机的结合。不仅如此，我还努力从中国古代的传统文化技艺当中汲取众家所长，为紫砂所用。青铜、瓦当、砖石、玉器等元素也常常被巧妙地运用到壶艺中，古为今用，起到画龙点睛的艺术作用。

　　近年来，我专攻镂空壶，把紫砂壶艺的装饰效果发挥到极致。镂空壶工艺繁复，它是由一个内胆和四面镂空片组成，有时还要顶盖镂空。镂空片的结构比较脆弱，稍不注意就会出现断裂，这就需要作者在创作的时候不仅小心谨慎，还要注重图案美观。

镂空壶由于四面镂空，然后贴在内胆上，这就需要对壶型有一种严格的要求，大多只能方形结构，而方形结构对做壶者来说也是一个难题，它要求线条挺括，片面平整。镂空壶则更难，而且四面相接的镂空片面要天衣无缝，没有痕迹，这就对制作者提出了更苛刻的要求，许多制壶者因此而却步。幸运的是面对一系列挑战和困难，我并没有退缩，通过不断的钻研和探索，最终掌握了镂雕这一装饰技术，并在作品中反复运用，一是为了还原康乾盛世时期宜兴紫砂的繁荣景象，二是为了传承这一门逐渐式微的手艺，三是为了增加作品的美观度，从而使其更具欣赏性。

此壶名为《金色年华》，壶的整体造型方正大气，犹如古代皇室宫廷专用的宫灯，流光溢彩，美不胜收。壶身呈六方灯形，方圆相融，张力十足。四方形的壶嘴、壶把都十分大气；壶盖大胆运用镂空技术，繁华锦簇，如花藤缠绕，壶钮亦为镂空，镂空为宝珠样式，格外古拙。镂空设计能透气保湿，颇具科学道理，为一大胆创新。壶身也采用镂空装饰，并雕以动物图案，画面感十足，营造了温馨、和谐的氛围，让人有一种"古鼎煎香俗肠尽洗，松涛烹雪诗梦初灵"感悟。

镂空装饰在现在紫砂市场中已经并不多见了，主要是其制作难度太大。运用镂空的手法，一是要有一定的雕镂技巧，尤其要掌握好坯体的干

○—

金色年华组壶

湿度：湿了，镂不出透空的效果；干了，镂时会使坯体破裂。二是要运用恰当，不宜过于花哨。像《金色年华》透空完全来自生活，加以镂空合情合理；如果一味卖弄技巧，效果可能适得其反。这再次说明，任何艺术的创新都必须师法自然，源于生活而高于生活。

宜兴紫砂陶艺的创作，造型是基础，是根本，装饰必须为造型服务，既不能画蛇添足，更不能喧宾夺主。其最高境界就是达到装饰与造型的和谐统一、浑然一体。镂空手法的运用也是如此，而要做到这一点，必须勤于思考、刻苦学习，掌握过硬的基本功；还要观察生活、师法造化，从大自然中找到创作的灵感，才能创作出无愧于时代的优秀作品来。

为了凸显作品的实用性，艺人为主壶搭配了四个精致可爱的六方形品茗杯，杯身造型与壶体造型相似，又有着本质的区别。小巧的杯子静静地搁置于杯托上，围绕着主壶静默，仿佛在邀请你我共饮。篱外清流羡浅沙，数竿修竹美人家。张香桥上三更月，对煮松风一饼茶。相对而坐的是松风，邀他与我共饮。一叶知秋，一杯清茶，一念间，是洒脱，是从容。

顺应 借鉴——浅谈紫砂壶的装饰艺术

江苏宜兴 214221 范永军

宜兴紫砂壶造型丰富，式样繁多，千姿百态，素有"方非一式，圆不一相"的美誉。但作为艺术与实用完美结合的紫砂壶毕竟要满足实用性要求，所以再多样的造型还是局限于方、圆两大类。紫砂壶的创作者要想让作品在方、圆两大类造型中脱颖而出，显示出有别于其他作品的独特之处，一个非常重要的手段就是装饰。

装饰是美化主体的手段，是给予人们视觉刺激的方式，又是社会文化观念交流的重要工具，它常常被看作是一种象征符号，标志着一个人特定的生活方式和所信奉的信仰。总的来说，在器表进行装饰都是为了进一步丰富器物的艺术美化形式，无论在装饰内容上还是表现形式上都可以强化文化内涵、设计者个性和使用者的喜好倾向。

当代的紫砂壶装饰应该在继承传统装饰的基础上，更多地借鉴一些结合现代工艺技术和现代观念，具有现代审美意识和当代趣味的现代陶艺装饰技法。

本人作为一个多年从事紫砂壶创作的专业人员，下面就结合自己的创作实践来谈一谈在紫砂壶制作过程中，对紫砂壶装饰方式运用方面的一些感受

首先，紫砂壶的装饰要顺应紫砂陶的特点。

现代陶艺装饰的方法是多种多样的，有釉下彩装饰、釉上彩装饰、斗彩装饰、颜色釉装饰、刻划装饰、剔划装饰、剪纸装饰、模印贴纹装饰、透雕装饰和捏塑装饰等几十种装饰技法，但并不是所有的装饰方法都适合紫砂壶。创作者一定要了解紫砂壶的特点，并顺应紫砂壶的特点来选择适合的装饰方法，不能单一地为了追求装饰美而破坏了紫砂壶独特的艺术特点和它的实用性功能。

紫砂壶之所以独具魅力，主要在于它独特的泥料和成型工艺。紫砂泥具有可塑性强和结合能力好的特点，这使其有利于工艺装饰：紫砂泥烧成后的紫砂壶具有良好的保温性和透气性，这使紫砂壶拥有"世间茶具称为首"的至高地位。而高档紫砂壶的成型工艺一般都采用手工镶接法或拍打法成型，这种成型法做出来的壶，气度饱满，挺拔有力，神气十足。

鉴于以上紫砂壶在用料和制作上的特点，在对紫砂壶进行装饰的时候选择的装饰方法就不能违逆它的这些特点。如有些装饰方法就不可以采用，像施釉会破坏紫砂壶的透气性，所以施釉类的装饰方法就不适合紫砂

風調雨順

泥料∵原矿朱泥大红袍
规格∵高10.3cm×宽14.5cm

壶。透雕会损害紫砂壶的实用功能，一般也不能用。

我在紫砂壶创作中选用了一些既能顺应紫砂壶的特点又能起到很好的装饰作用的装饰方法。比如在创作《风调雨顺》时我用了堆积装饰，就是将用泥料塑制的浮雕粘贴于壶体上，并成为壶体的有机组成部分，使之具有丰富的层次和明确体量感，并与整把壶的造型和谐自然地融为一体。在创作双层壶《锦上添花》时外层用了透雕装饰，就是用刻刀在双层壶的外层壶体上刻、镂空出纹饰，形成淡雅的纹饰美。另外在《知足常乐》《美人肩》的创作中用了刻划装饰;在《瑞狮壶》的创作中用了捏塑装饰。这些装饰方法既能顺应紫砂壶的特点，又能起到装饰美化的作用。这一类手法如同清风拂面，给人以舒适之感，是一种"发纤浓于简古，寄至味于淡泊"的自然的美。

其次，紫砂壶的装饰要善于借鉴其他艺术的特长。

俗话说"海纳百川，有容乃大"。紫砂壶之所以能历经几百年的发展长盛不衰，我觉得很重要的一点就是善于学习和吸收其他艺术(如绘画、书法、雕塑、建筑)的特长，因为它们无论在时代风格及地方风格上，还是在题材、形式、表现技法上，都密切相关。从姊妹艺术中吸收养分就能丰富自身的艺术创造，紫砂壶艺术之美根本上而言是一种装饰之美，雕、刻、划、印装饰、纹饰装饰与陶瓷造型相融合所呈现的一种特有的、天然成趣的美。

本人在创作镂空壶《锦上添花》和镂空贴花壶《牡丹》等系列的时候就是受到了中国古代园林建筑中花窗的启发。我在苏州园林畅游的时候，被那一扇花漏窗吸引住了。狮子林九狮峰后的"琴、棋、书、画"四幅花窗，式样别致，典雅而有民俗风情。沧浪亭主厅明道堂西向翠玲珑之间的曲廊上，廊西北两面开了四个造型优美的花漏窗，窗形依次为外为桃形内含碧桃的桃窗、外形石榴内含石榴果的榴窗、窗呈伸展开荷叶状、内含荷莲的荷花窗，外形海棠、内含芭蕉的蕉棠窗。图案轻灵毓秀，柔和飘逸，充满了活力。

我发现苏州园林中的花窗和我们宜兴的紫砂壶看似毫不相关，其实细究其理，会发现它们在某些方面也有着相通之处——它们都是极具艺术美的实用品，在满足现实的实用性功能外还有着多姿多彩的造型，还寄寓着人们对艺术意境的追求，提升了生活中美的境界。

再者，紫砂壶的装饰要形意结合。

紫砂壶的创作题材素以广泛著称，从花鸟虫鱼到飞禽走兽，从古代神话到当代热点，均进入了紫砂艺术的视角。紫砂壶的创作从构思到技法，从内容到形式，充分体现了中国古代美学形神兼备、以神为主，形意结合、以意为主的特征。

○ — 风调雨顺

与著名画家陈佩秋合作

　　此壶端庄大气，古朴风雅。壶盖和壶钮采用镂雕
装饰工艺，造型精致美观，足见制壶者的工艺之精
湛。此壶方中寓圆，具有吞吐四方之势，大气磅礴。
壶嘴骨干硬朗，方形线条呈三弯流蜿蜒上翘，俊健修
长，和耳形壶把相互应和。

◯ — 风调雨顺

与上海中国书画院副院长陈翔合作

此壶古朴的韵味深入骨髓，工艺极为独到精湛，

一件绝美方器的韵味自然流露于壶体上，

每一根线条的衔接都至极完美，容不得半点的疏忽。

棱角直挺，曲便是曲，直就是直，

方器的韵味就在这里。

浅谈紫砂朱泥壶与镂空技艺结合的创作

江苏宜兴 214221 范永军

[摘要]艺术的发展都具有时代的烙印，紫砂壶的制作也一样，它的形成并不是一蹴而就的，是经历了数百年的时代演化，在一次又一次的创新与改良中逐渐形成了符合时代精神的作品。现研究紫砂壶与镂空技艺的结合，尝试在创作中把镂空技艺融入其中，通过镂空技艺打造出紫砂朱泥壶的全新面貌，在设计中更是蕴含了天人合一的思想，打破了紫砂壶的传统束缚，进而契合现代人的审美，满足现代人的精神需求和情感需求。

[关键词]紫砂壶；龙珠；镂空技艺；造型设计；风格设计

[中图分类号] J314.5　　[文章标志码] A　　[文章编号] 2095-7556(2020)3-0070-02

本文文献著录格式：范永军.浅谈紫砂朱泥壶与镂空技艺结合的创作[J].天工，2020(3)：70-71.

紫砂朱泥壶兴起于北宋时期，时至今日已经有数百年的历史，一直深受中国文人墨客的喜爱，壶身造型中又蕴含着中华传统文化，在壶身与造型的设计中都凝结了我国不同时期文化的缩影，具有中国南北文化的差异特色。紫砂壶有着极强的艺术价值和实用价值，给人以无穷的审美享受和精神乐趣。中国是具有悠久历史的国家，紫砂朱泥壶的艺术特色也有其时代感，造型的不断变化便是适应不同时代的审美价值观。如今的紫砂壶艺术家也在尝试着不断创新，镂空技艺与紫砂壶的结合，便是在传统工艺的基础上融入了现代的设计理念，既契合了现代人的审美，又满足了当代人的精神需求和情感需求。

一、镂空技艺的相关概述

镂空技艺是一种雕刻手段，指的是在物体上雕刻出穿透物体的花纹或文字，具有数千年的传承历史。采用镂空技艺雕刻出的物品，在外表看来是一幅完整的图案，但是里面的内容却别有洞天，有的是空心的，有的是镶嵌着镂空物件，其展现出丰富的形式感。镂空技艺本质是"通透"，"通透"中的"透"至薄、至细、朦胧、透明；"通"是实在的贯穿式，是自然界普遍的物理性质——通透性。这种朦胧、实在与中国传统哲学和艺术中的"虚"与"实"相对应。这种镂空技艺从古至今一直被广泛应用于木雕、石雕、玉器等雕刻领域里，采用镂空技艺完成的雕刻作品具有强烈的层次感，作品的视觉冲击力强大。

随着时代的变迁,镂空技艺已被人们广泛应用到各个领域中，包括服装设计、工艺品制作、建筑景观设计、装饰品设计等，在这些领域中镂空技艺深受设计师的喜爱，由于考虑到紫砂壶的实用性，人们往往不会把镂空技艺运用到紫砂壶中。如今笔者将镂空技艺融入紫砂壶制作中，对于设计领域来说也是一次大胆创新，继而达到了全新的效果。

二、镂空图案的风格特点

把镂空技艺应用到紫砂朱泥壶中有着特殊的讲究，尤其是在镂空图案和样式的设计上，更是需要挖空心思。首先，图案的风格特点要具有精细感却不失具象图案，传统紫砂壶的图案样式很多都是来自自然界的呈现，尤其是一些山川河流、动植物和建筑物等场景。其中大多数紫砂壶都是采用自然场景作为图案雕刻到壶身上，这些图案具有极强的灵动性，而且很多场景都是来自现实生活中的，这让人们拿在手里有一种特殊的情感，一眼看去通俗易懂，形成的图案也相对精巧细致，中规中矩。其次，图案的风格特点要具有洒脱感，要有一些抽象的图形。抽象图案只是将其

象事物进行形状、颜色以及元素的提取，对于事物本身的形态是模糊的，更多是用情绪和表现概念去设计图案，最终以点线面的色块形式表现出来。很多人说，抽象图形的制作是简单的，但是在镂空雕刻中其实是最难的，这是因为雕刻的过程中既要保证图案图形的艺术特色，又要把图案雕刻出来，这需要很强的功底才行。而抽象图案具有随意性，这就使得壶身的风格也变得个性化十足，而雕刻中一不小心可能就会出现问题。虽说现代的很多匠人都喜欢用具有随意性的抽象图案进行设计，希望以此展现出桀骜不驯和与众不同的主题，但这也是有一定难度的。

三、镂空技艺在紫砂朱泥壶制作中的结合应用

（一）镂空技艺在紫砂朱泥壶造型中的作用

镂空技艺在紫砂朱泥壶的应用具有多种方式，其中既可以全壶进行镂空雕刻，使得壶身具有凹凸深陷的层次感，增加创作的神秘感，又可以在局部进行雕刻。例如，在壶身、壶腰、壶嘴、壶背等部分，起到增加层次、画龙点睛的作用。一般造型上整体采用镂空技艺雕刻的很少，虽然它可以增加壶造型的视觉冲击力，但是却与紫砂壶数百年的理念不符，因此镂空技艺在局部应用则是上乘之选。壶身局部融入一些镂空技艺，起到对整体紫砂壶的烘托、陪衬以及画龙点睛等作用，使壶身造型锦上添花，更能博得消费者的眼球。局部应用主要有两方面作用：一方面是强调作用，突出强调壶身的某个部位，展现壶身整体的亮点所在。一般是应用在壶嘴、壶肩、胸部、腰部、背部等中心位置，采用比较精细的深雕、浅雕镂空和挖空镂空，将纹样进行二方连续和四方连续，或增加一些特殊的图案使镂空工艺细致精美，增加壶本身的立体性和结构性。另一方面是完善作用，使壶本身更加完整，具有锦上添花的效果，也可以弥补壶身造型的缺陷，形成若隐若现的性感之美，能丰富壶整体的层次感，突显出壶身特色。

（二）镂空技艺与紫砂朱泥壶的结合应用

紫砂壶与镂空技艺相结合的方式，突破了传统紫砂壶的制作限制。捏塑、镂空都是笔者擅长的技艺，尤其是镂空（纯手工）做紫砂泥线条难，容易断裂，作业面易干燥，所以需要常喷水，但喷水不当又会使作业面报废，所以镂雕基本功要扎实，手劲镂雕要心到手到，然后在壶身雕刻时一气呵成。另外，镂空设计图案也是很难的一道关，虽然电脑里设计很容易，但在坯体上施稿就难了。例如，金钱纹是由多个重叠圆组成的图案，每个圆位置要放得正确到位，位置偏了就不好看了，从而达不到预期效果。

朱泥制作大品壶（即300cc左右的壶）是很困难的，这里面需要有极强的基本功。因为朱泥收缩比大，行里话叫"泥性不听话，易起皱"，还有便是口盖不规整等都是困难因素，在制作中要面对无数的问题，没有一项不是在考验制壶人的心态。朱泥做镂空

壶，因要嵌入镂空片，起边线也很难做。这样制作壶虽难，但也有好处，由于工艺复杂，能做的人很少，因此好认，别人一看就知道是谁的作品。例如，笔者所设计的《龙珠壶》就是采用这种方式，壶嘴用捏塑之法，雕塑"龙形"，壶把取圆形，象征龙尾的动势，壶身则用纯手工镂空特技装饰"欢天喜地，喜鹊登枝"，这在紫砂壶的制作领域中还是极为罕见的。作品《龙珠壶》巧用特技张扬个性，构成了光壶与镂空特技相结合的创作特色。

综上所述，镂空技艺与紫砂壶的结合，既能体现两者相辅相成的因素，又在矛盾和统一中找到传统文化的风韵，还能表达出最贴近国际潮流的时代特色。紫砂朱泥壶的发展离不开时代的烙印，更离不开手工艺的加持。紫砂壶在我国发展的历史长河里一直都处于灿烂时期，在当下具有极强的生命力，在制作的过程中融入镂空技艺使壶更具特色，无论是造型设计、装饰色彩，还是材料搭配都变得个性化十足。镂空技艺的应用也使壶的造型更加追求中庸的特色，强调以圆形作为设计的基础，再搭配上一些简单的装饰纹，这也是为什么镂空技艺的壶会受到大众喜欢的原因。其实，融入镂空技艺的壶不仅仅是技法上的突破，更是传统的形式美法则和

形式感和内涵。

参考文献:

[1]赵媛媛.剪纸艺术中的镂空工艺在现代设计艺术中的应用,[D]河北工业大学,2012.

[2]赵世学.镂空设计在包装装潢中的应用,[J].包装程,2006(4):191-193.

[3]李公伟.镂空装饰艺术的形式美,[J]包装工程,2012(14):102-106.

[4]杨秀芬.论紫砂作品"一苇渡航壶"的创作构思,[J].佛山陶瓷、2019(10):49-50.

[5]陶丽清.心中有善,命里有福:论紫砂壶"纳福"的制作感想,[J]江苏陶瓷、2019(5):56-57

〇—禾瓢

浅述作品《吉祥抽角》的壶艺特征

江苏宜兴 214221 范永军

摘要：紫砂作品《吉祥抽角》很好地体现了我对壶艺几何造型的理解和再创造。此壶壶身为简洁的长方形，向上自然过渡引出如碧玉般的壶盖，然后就是通身精美的镂雕装饰，造就了完美的观壶体验。

关键词：紫砂壶；镂雕；方圆

宜兴紫砂壶是陶瓷艺术中的佼佼者，它作为时代的产物，已经流传了数百年。每一把紫砂壶都有着深刻的时代烙印，它的造型特色和装饰图案都贴合当时社会的审美情趣和时尚意识流。所以说紫砂壶这种根植于中国大地历史悠久、地大物博的肥沃土壤中的艺术具有民族性、时代性、地域性，在原料选择、成型技艺、装饰技巧，以及涉及的文化内涵方面都有着独具一格的特色和风格，不仅可以使人欣赏到紫砂壶千变万化的造型之美，还能看到各种博大的传统文化的精髓，甚至可以汲取到我泱泱中华的民族精神。

紫砂的造型不知凡几，每一个类型都有着自己的特色，而艺人也各有所爱，各有所长。对于我来说，浸淫紫砂艺术圈几十载，对各种造型以及造型特点都有所心得和体会，可以说这些不同造型、不同泥料、不同装饰、不同工艺的紫砂壶共同构建了紫砂的艺术世界。其中，我对方器和圆器可谓是情有独钟。圆的壶圆润饱满，珠圆玉润；方的壶线条笔直，棱角分明；两者结合，方圆相碰，效果出人意料的好。这些年来，紫砂的创意造型层出不穷，新生代的年轻艺人对紫砂有着更加前卫的理解和看法，这一点在他们的作品上得到了很好的呈现。可是，作为一名老艺人，我始终对传统有着一份莫名的坚持，我认为传统基础上建立起来的茶壶更能还原紫砂的本质，也更能体现壶艺的真趣。

紫砂作品《吉祥抽角》是我的得意作品之一，它很好地体现了我对壶艺几何造型的理解和再创造。此壶壶身为简洁的长方形，向上自然过渡引出如碧玉般的壶盖，然后就是通身精美的镂雕装饰，造就了完美的观壶体验。整个作品与其说是茶具，不如说是精美的艺术品，无论是造型还是装饰都是采用传统的技艺，我在壶身中尽情施展着自己平生所学，仿佛梦回大清，作了一回宫廷御用手艺人，雕琢着现代社会已经不常见的花纹图案，在有限的空间中给人留下了至美的想象。

此壶端庄大气，古朴风雅。壶盖和壶钮采用镂雕装饰工艺，造型精致

○——

吉祥抽角

美观，工艺复杂繁琐。作品方中寓圆，具有吞吐四方之势，大气磅礴。壶嘴骨干硬朗，方形线条呈三弯流蜿蜒上翘，俊健修长，和耳形壶把相互应和。圈足沉稳有力，牢牢地支撑起了整壶。壶身正反两面以及圈足外沿都进行了镂雕工艺，呈现出了精美的图案，品茗的乐趣和意义在赏壶时都得到了提升。壶正面镂雕图案为松柏、喜鹊、兰花。一树一花一鸟在传统文化中都有吉祥的寓意，组合在一起，松柏之常青，兰花之幽香，喜鹊之鸣叫都成为了壶中的祥和元素，使得作品吉祥喜庆，韵味无穷。

其实这把《吉祥抽角》的制作难度非常大。一难在泥料。作品选用朱泥诠释壶型，朱泥的泥性非常娇嫩，这一点在烧制时特别明显，稍不留意就会在壶体中留下瑕疵。所以朱泥是紫砂陶土中公认的最难制作的泥料，一般都用来做一些圆形的小品壶，方壶基本无人制作。而我偏偏选择反其道而行，克服了制作、烧成中遇到的各种问题，将其制成为大品方壶。二难在方器制作。如果仔细观察市场上的紫砂壶，就会发现圆器比方器多，这不是因为圆器更受欢迎，而是因为方器的制作难度大。一把壶的成型对线条、块面之间的变化都有着一定的要求，否则做出的壶就是四不像。尤其是这把《吉祥抽角》，壶身四方，但是线条皆为曲线，块面转折之处采用了抽角技术，更使得壶艺制作难上加难。三难在镂雕装饰。我是在精研古代王宫御用茶具后，才把木雕、玉雕等多种工艺技艺融入到制作设计壶艺之中的，所以作品线条流畅，表现

手法新颖，刻划细致，图案精美。但其实整个镂雕过程非常的艰难，稍不留意，整个作品就会因为一次失误而毁于一旦。在明清时期，镂空紫砂壶还是比较盛行的，尤其是乾隆年间，镂雕的发展达到了顶峰，当时的镂雕紫砂壶远销欧洲，是大清对外贸易的热销产品，深受海外市场的欢迎。镂雕前，艺人首先需要在坯体上做好布局，规划好图案的排布，然后再进行相应的雕饰。紫砂壶的坯体厚度在3毫米左右，稍不留神，就会碎裂，正因为制壶过程十分艰难，所以作品烧成后格外地珍惜。

《吉祥抽角》整个制作过程环环相扣，稍有差池，满壶皆毁，因此烧成作品才更显珍贵。作品《吉祥抽角》通身呈四方造型，但却没有用笔直的线条勾勒，反而是用一根根曲线构建起了方中带圆的造型，这样一来，作品中方圆相济，既有着方器的稳重端庄，也有着圆器的柔美曲线，展现出了紫砂壶特有的拙雅之风。

在我的壶艺世界中，方圆从来不是非黑即白，它们拥有更多的可能性。所以我在制作每一把壶之前，都需要进行一番构思，将新的设计元素融入到原有的传统器具中，在小小的茶壶世界中完成继承与创新的完美转化。所以千万不要小看简单的方和圆，他们蕴藏了整个紫砂壶艺世界。在作品上，一簇微光、一段竹枝、几丛芭蕉，眼前似乎就出现了一帧帧清晰的画面，一个个故事，充盈着我们的物质世界和精神世界。

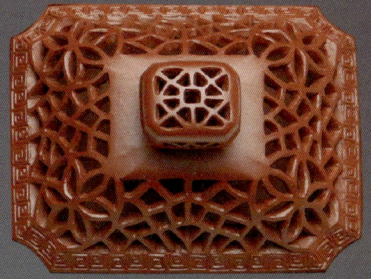

○—

祥
瑞

翠叶生辉，玉蕊含烟，
与池内之清水、白石相映成趣。

《堆金积玉壶》的造型艺术语言

江苏宜兴 214221 范永军

【摘要】观整壶，壶身与嘴、把、钮、口、盖均呈长方形，棱线清晰，而在四方的强势张力中，转承衔接之处的设计，可谓颇具匠心，方正中壶流纵情飞转，壶身光滑如玉璧，这也正是作者追求朴实无华、正直大方的人格魅力在壶艺中的体现。最有特色的当属壶盖、壶钮镂雕金钱币纹，可见技艺之娴熟，做工之精细。此壶荣获江苏省首届乡土技能大赛第三名。

【关键词】堆金积玉；方器；艺术形象

1.前言

宜兴紫砂历经数百年的传承与创新、流变与发展，其艺术风格千姿百态，文化内涵丰沛深蕴，在民间传统工艺中独树一帜。其中，茶壶是紫砂壶中最具特色、使用最广、名声最响的一个大类品种，无论是光器、塑器、筋纹器以及现代陶艺类，通常由造型与装饰两大要素组成，给人以艺术审美与文化解读。数百年来，茗壶重器冠绝一世，大师巨匠独步千秋，宜兴紫砂茗壶是我们中华民族无与伦比的陶中瑰宝。作为一种立体造型艺术，紫砂陶器有其独特的造型形式。紫砂《堆金积玉壶》的创作是在继承传统制作技艺的基础上，精心制作的一件打破紫砂壶艺传统造型的陶艺珍品。

2.《堆金积玉壶》的造型艺术语言

紫砂壶的形态都是经由点、线、面组成的，壶体的各个部位和结构都是由线条构成的，壶体与局部，都要按照比例组合起来，紫砂线条之美体现在简单、简约、概括的审美特征。简单的线条是最简单、概括的艺术表现手段，紫砂基本由线条构成，而不同的造型都是由不同的线条构成的。紫砂艺术的生存,依附于其文化，它千丝万缕的变化，来源于紫砂陶手工艺者手中。文化的熏陶使得手工艺者们突破创新,在不断的设计中，用多变的造型，丰富的表达形式，在传统的基础上不断创新，把传统与现代相结合,融汇在作品中，突破新的理念，借鉴新的思想，多角度去创新，升华这一艺术形象。

紫砂作品是材质美与形态美的高度统一。只有充分了解与运用紫砂原料的色泽与材质的巧妙变化，不断地研究与领悟紫砂原料的搭配与使用规律，才能在继承传统紫砂技艺的基础上有所创新、有所突破，设计制作出更新、更好的作品。紫砂文化博大精深，从民俗、传统、文化、传说的广

○— 堆金积玉

阔空间里，汲取艺术源泉，塑造出新的艺术形式，使得紫砂无限遐想的空间不断增大、变化，也把这些富有艺术生命力的东西印证在紫砂壶中。

《堆金积玉壶》作品继承传统方器制作特色，同时又赋予新的创作理念。观整壶，壶身与嘴、把、钮、口、盖均呈长方形，棱线清晰，而在四方的强势张力中，转承衔接之处的设计，可谓颇具匠心，方正中壶流纵情飞转，壶身光滑如玉璧，这也正是

作者追求朴实无华、正直大方的人格魅力在壶艺中的体现。最有特色的当属壶盖、壶钮镂雕金钱币纹，可见技艺之娴熟，做工之精细。此壶荣获江苏省首届乡土技能大赛第三名。

《堆金积玉壶》此壶横空出世,其精工细作，磅礴气势，震撼人心。壶身、壶盖、壶嘴与壶把，都以方传神。流畅的线条，将每一个转折或装饰之处,都表现得清晰利落，端庄稳重。作品正气凛然，古韵荡然，周正

挺括，构设极为精妙。

光货是指壶身为几何体、表面光素的紫砂壶。在制作这种紫砂壶坯时，要将器表修饰得极其平整光滑，因此就决定了光货紫砂壶的特点。光货有圆器、方器两大类。圆器的横剖面是圆形或椭圆形，圆器的轮廓由各种方向不同和曲率不同的曲线组成，讲究骨肉亭匀，比例恰当，转折圆润，隽永耐看，显示一种活泼柔顺的美感。方器的横剖面是四方、六方、八方等，方器的轮廓是由平面和平面相交所构成的棱线，讲究线面挺括平整，轮廓线条分明，展示出明快挺秀的阳刚之美。

所谓光货，主要是艺人们根据点、线、面的三要素，设计制作成各式圆柱体、圆球体、长方体和正方体等多种几何立体茶具。紫砂光货虽没有华丽的外表，却以其朴素的自然形态、简洁明快的线条述说着自己独特的造型语言，使之具有高雅脱俗的艺术魅力和独特的文化风格。这种手工技艺的精神，会更多地凸显造壶者自身的品格修养和人生理念，使作品既赏心悦目，又发人深省。

一把小小的紫砂壶融合的是中华民族上下五千年的历史和文化精髓，演绎着紫砂之美。品一盏淡淡的清茶，任丝丝幽香冲淡浮尘，沉淀思绪，细细体会人生；品味的是壶里乾坤，有容乃大的境界。来自于自然造化的紫砂器，原生的泥味和质朴气息，给予了我们无限的遐想和感悟。紫砂壶的成型从创作之初开始便已奠定了它的基础，一件成品紫砂壶，要从挖泥、炼泥开始，紫砂经过锤炼，经过数十道复杂的工序，即所谓"工欲善其事，必先利其器"，是通过复杂的紫砂制作工具，繁琐的工序及靠着艺人们熟练的技巧制作成的。

3.总结

紫砂壶演变到现在已然不在单单是喝茶、品茶的工具了，它也是一种艺术品。在现如今的市场上，紫砂壶的价格也在一路上升，是个很具潜力的升值物品和极高艺术价值的观赏物品。紫砂陶艺是一门综合性的艺术，集审美、工艺和功能为一体，充分展示了劳动人民的智慧结晶。一把艺、色、形均绝的壶艺，受到人们欢迎，是因为砂壶能够陶冶人们的性情，因而砂壶在自我成长的过程中，完善并形成了其艺术、功能，在众多的陶瓷艺术品中，砂壶有着一定的历史地位和文化基础。

【参考文献】

《陶都精华》 江苏省对外文化交流协会、宜兴陶瓷公司合编，中国和平出版社，1987年版

简析紫砂作品《圆》的高雅格调及艺术风范

江苏宜兴 214221 范永军

【摘要】《圆》壶身圆润，壶面上镂空装饰纹，雕工精细，壶嘴、壶把在壶身上部，壶钮圆润，与壶身相互呼应。一个做口，一个做底，壶身装饰图案用"欢天喜地"和"喜鹊登枝"来表达。

【关键词】圆；艺术风范；造型

1.前言

紫砂艺术以工艺美术为根，以传统文化为源，以茶文化为媒，逐步形成自身的、独有的陶瓷艺术。无论在中国还是海外，紫砂艺术都是独一无二、独具风格的。宜兴独有的资源，具有特殊的性能。工匠的智慧创造，形成独有的工艺成型程序，这一切，都是紫砂艺术的魅力所在。紫砂壶作为传统的民间工艺品，在数百年传承、发展和创新的过程中已经成为一种文化的产业，承载着厚重的民族文化元素，在茶、陶融合中形成了紫砂壶自身的艺术框架和生命韵律，汇成一个庞大的紫砂壶艺世界，可以说在中国陶瓷艺术领域独树一帜。

2.《圆》的高雅格调及艺术风范

紫砂艺术自创始以来，薪火熊熊传百代。一壶茶、一个故事、一段心情、一个回忆，总是给我们无限的感动,有太多太多值得我们回味的地方，好好对待人生的每一次邂逅，珍惜人生难得的情缘，是弥足珍贵的。紫砂壶的烧制工艺，近千年来已近成熟，紫砂壶经过发展，到明末臻于成熟，此后历久弥新，于是陶都宜兴名扬天下，产品远销海内外。紫砂文化、紫砂泥料、紫砂工艺、装饰、造型都是历代发展起来的，经过时代变革，经过人文的培育，紫砂越发成熟。紫砂圆器掇球壶体，造型是紫砂圆器造型的典型范例，它全面反映紫砂圆器壶体圆稳、匀正和珠圆玉润的美感。从它的形态分析，壶体为三个圆球的均衡、和谐、对比、黄金分割，它利用点线面的巧妙组合，利用各种线形的有利因素，达到形体合理构成的完美性。

紫砂圆器壶体造型非常简练，点线面的运用对壶体形象的造型成功与否非常关键。要达到圆器壶体造型的和谐统一，一是靠主附件的尺寸比例，微曲线的过渡处理，二是强调主体结构，骨架大气，过渡得体，曲线张弛有度。看似简单的线形一旦运用恰当，就赋予了壶各种性格和个性。宜兴紫砂壶从陶器中独立开来，发展至今已有五六百年的历史。紫砂陶艺因其特殊的泥料、独特的手工技艺与茶文化巧妙地结合起来，其间又有文人、艺术家的介入，使得紫砂文化与茶文化相互融合，拥有了深厚的文化

○—圆

底蕴。紫砂凭着五色土这一特殊的材质，以艺术感性化和自然人性化的表达方式，通过紫砂造型创作出美轮美奂的艺术佳作。

《圆》壶身圆润，壶面上镂空装饰纹，雕工精细，壶嘴、壶把在壶身上部，壶钮圆润，与壶身相互呼应。一个做口，一个做底，壶身装饰图案用"欢天喜地"和"喜鹊登枝"来表达。

紫砂壶茶器制作中的艺术化变革，不但扩大了茶文化的思维内涵，而且丰富了茶文化精神的外延空间。中国茶文化本身追求朴拙高尚的人生态度，但唐宋时期繁琐的茶饮礼仪形式挤掉了茶人的精神思想，留下的只是茶被扭曲的程式形态，喝茶是在"行礼"，品茗是在"玩茶"。而紫砂壶茶器的风行，打掉了繁复的茶饮程式，一壶在手自泡自饮，文人在简单而朴实的品饮中，可以尽心发挥思想，体验紫砂自然的生命气息带给人的温和、敦厚、静穆、端庄、平淡、闲雅的精神韵律。

宜兴紫砂器以其丰富的造型，题材广泛的装饰，集书法、绘画、篆刻于一体的独特风格，充分体现了其特有的地方特色和艺术风尚，在中国陶瓷史上写下极具特色的一笔。紫砂壶的独一无二全手工成型技艺，和紫砂泥特有的"双重气孔"，透气却不透水的特性，不仅养育了一代代紫砂艺人，也让紫砂壶在世界上所有的茶具中独树一帜，技压群芳，成为实用和欣赏、技艺和形态完美结合的工艺品。

紫砂壶作为传统的实用陶瓷工艺品，有着鲜明的时代风格和民族特色，有着传统工艺品根深蒂固的民族根基，有着前辈们的丰富知识和经验积累，这些都是留给我们最可贵的财富，也被一代代紫砂艺人所传承。紫砂壶在发展过程中，内在结构是有继承性的，这种继承性反映着社会形态和人们的审美观念的连续性，每个时代的紫砂艺术对于后来的紫砂艺术，都有一种既定的存在和基础。

中国宜兴紫砂陶艺，是世界陶瓷艺术之林独树一帜的陶艺瑰宝，它是孕育了优秀的民族传统文化和地方特色的民间工艺品，以其精湛的手工技艺、敦厚淳朴高雅的造型艺术、百花斗妍的流派风格，极大地吸引着世界各地众多紫砂陶艺爱好者、收藏家、鉴赏家。

3.总结

紫砂的魅力是文化内涵的结晶，紫砂陶的生命在于文化。紫砂陶的发展开拓更有待于文化和文人的参与，特别是现代科学的发展，人们对现代生活的追求，人们的自我保护意识有了更进一步的提高，茶作为世界最大的饮料之一，器具也是最受关注，紫砂具已被人们认为是饮茶的最佳器具，紫砂因为有独特的功能和特殊性能。在科学进步，社会发展，现代生活水平普遍得到提高的当下，茗品已是人们生活中一件必不可少的事了。

【参考文献】
陆浦东《五色土》，上海学林出版社，1994年版

国 色 天 香 丹 心 独 抱

江苏宜兴 214221 范永军

在古老东方的民族艺苑中，有一颗璀璨的明珠——紫砂壶，它历史悠久，壶风千秋，品种万样，造型变化无穷。一把好的紫砂壶作品，在其设计上一定要能较好地实现泡茶功能，另一方面也要兼顾人们的审美情趣，能引起人们在情感或是经历上的共鸣。千百年来紫砂壶的工艺多种多样，其中镂雕与浮雕虽然不常用，但其制作难度以及其美观度着实令人赞叹。

在中国陶瓷工艺品中，镂空装饰手法非常古老，早在七千多年前的新石器时代，就在陶器上出现了。镂雕，采用的是一种"镂"的技法，本指物状的镂空之意。紫砂"镂"的技法，是指具镂空之意，实质是一种镂雕。镂雕紫砂壶，在中国大陆很少见到，而据流传于欧洲的外销紫砂壶信息显示，在公元1700年前后（清康熙朝）的外销紫砂壶中，它却十分流行。这种极具东方情调的镂空紫砂壶是宜兴陶匠为欧洲市场特制的。镂空紫砂壶造型各异，工艺精湛。镂空处都有两层胎体，外层为镂空层，有梅花、竹枝、莲和鹭鸶等纹样题材，内层为"壶胆"，专用于贮茶存水。在双层或单层的坯体上，艺人先设计规划好所需要的图案，合理布局，无论人物、山水、书法、诗词内容，都能按艺人的设计要求达到理想效果。其空

灵之形态，给人无以言状的美感。

浮雕在我国有着悠久的历史，是继圆雕之后出现的一种装饰性的雕刻技法，多刻于石壁或木柱的表面，如刻于北魏太和十八年的洛阳龙门石窟古阳洞佛龛的石楣上的浮雕、陕西西安唐太宗昭陵六骏浮雕等。在浮雕作品中，保留凸出的物像部分，而将背面部分进行局部或全部镂空，就称为透雕。透雕与镂雕、链雕的异同表现为，三者都有较高的穿透性，但透雕的背面多以插屏的形式来表现，有单面透雕和双面透雕之分。单面透雕只刻正面，双面透雕则将正、背两面的物像都刻出来。

紫砂浮雕就是一种将浮雕艺术、绘画、雕刻、陶艺等艺术相融合的一种表现形式，一般浮雕以人物、风景较为常见，而后就要数花鸟了。紫砂

○—

牡丹镂空

自身的魅力和传统观念的推动，导致紫砂浮雕艺术也越来越多样化，使得紫砂更为独特，更具时代的厚重感。每一块几十斤重，十几厘米厚的紫砂砖在熊熊烈火中燃烧，达到不变形、不炸裂，还要保持色彩饱满，外形完好，工艺与浮雕相结合是非常难的，并且要考虑到原汁原味的雕塑美感，紫砂与浮雕的火花碰撞以及情感表达。所以在一件作品上同时进行镂雕、浮雕装饰，并融合创作者的情感表达，操作起来非常困难，但呈现出的艺术效果也是惊人的。

《牡丹镂空》取专用工具，在紫砂块面上雕出牡丹的形状，使之凸显出来，层次丰富，画面有立体感，主题突出，精巧灵秀，其精美的图案，带给人无言的美感，使感官与心灵都享受了一场饕餮盛宴。紫砂镂空技法，主题突出，层次丰富，灵动精巧。作品整体呈六方器型，有方方正正之感，壶身为六方形，壶腹鼓出，

两端收敛，似传统器型宫灯，又兼具时尚美感。线条俊朗有力，壶体充满了力量之美，所谓大器方成便是如此。壶身上下皆为六方造型，六方壶钮小巧玲珑，身形与壶体类似，形成上下的造型对比。六方壶盖盖面上进行镂空装饰，不规则图案互相交织，精美别致。壶嘴为四方造型，三弯流势，可以想象出水时的爽朗与力度。壶把上下跨度较大，宽和大气，持握舒适。壶身六面采用浮雕装饰，内容是牡丹花开图。浮雕手法极为细腻，在每一个块面中上下两端皆是如意纹饰，中间一朵富贵牡丹绽放，美轮美奂。整壶花纹古朴生动，有吉祥如意之气，牡丹花更是国色天香。

牡丹，雍容端庄，富贵典雅，国色天香，乃花中之王，其鲜艳大度的形态和色泽，历来被国人誉为吉祥、富贵的象征，也是国人心中的国花。但牡丹不仅国色天香，美的不可方物，它的一片丹心，孤独自守，更是难能可贵。在唐代时，牡丹更是为人所追捧。据说在唐代时，牡丹花开，全城的人倾巢出动去观赏。"庭前芍药妖无格，池上芙蕖净少情。唯有牡丹真国色，花开时节动京城。"这件《牡丹镂空》以牡丹为题材，挺括饱满的壶身，丰润如玉，以浮雕手法装饰牡丹图，花朵怒放，美丽大方。如意纹饰点缀，衬托花朵更加娇艳动人，充满浓浓的自然乐趣。

自古以来，牡丹在清风中摇曳的身姿，在月夜下娇俏的影子都让文人墨客为之倾倒。牡丹在百花的衬托下依然怒放的绝美花容更让世人以此为

傲。李白留下了"云想衣裳花想容"的绝句，将人带回盛唐体验了一回"花开时节动京城"的壮观景象。此壶是文人案头的精美艺术品，紫砂壶是略显委婉的，但是牡丹在壶上大胆热烈地开放，毫不保留自己的美丽，娇艳的花朵，精美的装饰效果，和朴素的紫砂泥形成鲜明的对比，给人以清丽可人，触摸尤喜的视觉感受，形制精巧，惊艳独具，余韵悠长。

○—— 六方宫灯

壶盖雕出镂空的纹样，纹路面面相接，贯穿各个部分，层次分明，使整个画面呈现立体感，精巧灵秀，其空灵之形态，给人无以言状的美感

开采数百年的黄龙山矿区
KAICAI SHUBAINIAN DE
HUANGLONGSHAN KUANGQU

　　紫砂泥是紫泥、绿泥（本山绿泥）、红泥三种的统称。紫砂泥开采出来并不是人们通常以为的粉末状，而是矿体，质坚如石。这种块状岩石开采出来后，经过露天堆放，风吹雨打数月后，自然松散如黄豆大小，再用石磨或轮碾机碾碎后筛选，倒在容器中加适量水拌匀，就地掇成湿泥块，俗称湿泥，再用木槌压打制作成熟泥。

紫泥类：俗称"天青泥""红棕泥""底槽清泥""大红泥"，为制作紫砂茗壶的主要原料。深藏于黄龙山岩层下数百米，在"甲泥"矿层之间。

天青泥：其质细腻呈青蓝色，产于清代中期，十分稀少。

底槽青泥：位于矿层底部，块状中有青绿色的 "鸡眼""猫眼"，色呈偏紫泛青，细而纯正，十分稀少。

红棕泥：位于矿层中部呈紫红色、紫色，隐现绿色斑点，质软致密，间有微小的云母闪烁。

大红泥：位于矿层中，少量出现云片状结构，呈紫红色泽，鲜艳明丽。矿层分布不同，烧成温度范围较宽，其最佳烧结温度在1180摄氏度左右。

本山绿泥类：俗称"本山绿泥"，古名"梨皮泥"。矿土呈淡绿色层片状，烧成陶后现梨皮冻色(米黄色)。产于黄龙山岩层与紫泥共生矿层中，仅数厘米厚，位紫泥上层与岩板间，俗称"龙筋"。其矿物组成为水云母、高岭石、石英及少量的铁氧化物。

本山绿泥：采掘量极少，不易制作大件产品，仅作小件产品和作"化妆土"，加入适量作色剂可变化成各色装饰泥。

红麻子泥：色似紫泥，质地粗，位于紫泥上层，间夹星点麻子绿泥，成陶后呈桃红色。

白麻子泥：色与本山绿泥相似，质地粗。位于紫泥上层，且杂质较多，须精拣方可合用，成陶后现淡墨色。

红泥类：俗称"朱泥""朱砂泥""石黄泥"。因其成陶后。色似"朱砂红"故名。产于宜兴任墅赵庄山，嫩泥矿层底部，质坚如石，其含铁量高，产量甚稀。矿土外观呈砖红夹色，以黏土为主的粉砂岩土，可单独成陶。红泥收缩率大，烧成温度在1080摄氏度左右，常制小件器物。七十年代中期，此种红泥奇缺，即改用川埠红泥加嫩泥替代，矿土呈土黄色，石质坚硬，成陶与其相似。

随着科技的进步，泥色变化的技术水平还在提高，但是人们最珍贵的，还是原矿源中高质纯正的泥料。

立面平整匀称，不能厚薄不匀；
线条挺括流畅，不能拖泥带水；
流把协调配合，不能比例失当；
口盖周正严密，角度变换随意。

一方 ◎ 一世界

方器，线条流畅，轮廓分明，平稳庄重。美在对称之姿，变化万千，包容万象。器物如谦谦君子，质而不野，温润而有刚毅正气，俯仰之间，坦荡从容。

闲谈方壶

江苏宜兴 214221 范永军

摘要：在紫砂陶器皿中，方器与圆器是占主要部分的两种，方壶作为与圆壶相对的砂器，具有独特的艺术审美价值。

关健词：紫砂壶；方器；圆器

宜兴紫砂历史悠久，在中国的陶艺史上独树一帜，名声在震，闻名于世。宜兴紫砂独特的泥质及可塑性范围较大特点，长年来深受制壶人的青睐。五色土的古朴典雅，成型后的工艺品也常为中外友人所喜好和收藏。紫砂作为一门独特的陶瓷门类，经过数十辈艺人的努力和积累，形成了独特的艺术形象。

在紫砂陶器皿中，方器与圆器是占主要部分的两种，曾经有一位研究紫砂陶的专家，提出过这样一个问题——先有方壶，还是先有圆壶？他的观点是先有方壶，认为拍打成型技法也就早存在了，到底谁先孰后，尚无定论，但紫砂方形茶壶的问世，可以追朔到很早以前。羊角山龙窑址残片复原物，就有六角形执壶；扬州博物馆收藏的大彬制作的壶是六方壶，北京故宫博物院也藏有时大彬的紫砂胎包漆四方壶。在以后的各个时期，都有紫砂方壶留传至今，更是不胜枚举。

方壶作为与圆壶相对的砂器，具有独特的艺术审美价值。古人常用"天圆地方"来形容这个世界，那是因为古代科学技术相对落后的原因。一直以来，各种建筑如亭台楼阁多以方和圆为基本构造，其实紫砂陶大部分也是如此。方器造型主要由长短不同的直线组成，如四方、六方、八

○—

六方天香

君子道温文似玉，念三径犹存，未肯延俗。

清夜行吟，奇句往来相逐。

昔闻才命多妨碍，任无情，雨翻云覆。

方及各种比例的长方形等。

方壶的成型方法，大体分为两种：一种是传统的手工镶接成型，一种是用模具成型。全手工镶接就是用泥片镶接，将泥片堆砌成所需的形状，包括附件。模具成型主要是指壶身的挡坯及附件的印制。其实紫砂壶制作使用模具，已经是有年代的了，邵元祥六角棱形壶及陈荫千竹节壶的壶嘴，就是用模具印制后，两片合拢而成的。只不过当时的模具，不是用石膏制成，而是用紫砂泥烧制。手工镶接与模具挡坯，二者相比较，有哪些区别呢？一般手工镶接成型的产品，精神饱满，挺拔有力，而挡坯成型的就显得力度不足。因为手工成型后镶接到拍打整形，都是在坯体外部用力，使泥料的矿物组成和颗粒堆积越做越紧密，抗变形力就强。而模具成型，为了适应挡坯，泥料相对于比手工成型软一些，又是壶体里面加力，使之与模具吻合，就会使颗粒结构疏松。虽然同样要经过拍打整形，但已经留下了变形的隐患。当然也不是一概不能用模具制作方壶，勿因造型而论。简单地说，直身筒的、锐角的用挡坯成型，效果一般不会好，转折部位乏力。如果是钝角的，带弧曲线的造型变形就小，甚至有的造型用挡坯成型的效果比手工要好也是有的。总之，高档次产品用模具制作，应该以不影响产品的品质为前提，设想一件高档次产品，如果留有明显的模具痕迹，岂非大煞风景。

吕尧臣的《汉方壶》就将壶的神韵脱颖而出。此壶胎用黑泥为本，镶嵌绞泥蝶形花纹，斑斓悦目。此壶款式源于古式汉方壶，器身四方，外轮廓直劲、削肩、收腹，流与俊秀方身对比鲜明，圈足平底，平口嵌盖严丝合缝，方形桥钮不偏不倚，端庄切体，三弯方嘴，蕴含有序，扁方把张力适度。绞泥仅镶于肩和盖，有少许胜繁多，韵秀而精逸之美。

明代李渔说"茗注莫妙于砂，壶之精者又莫过于阳羡（宜兴古称）"，又说："壶必言宜兴陶，较茶必用宜兴壶。"他认为紫砂壶是最理想的茶器。紫砂壶之所以从古至今被人们极为珍视，这与她的日用功能和艺术品位兼备是分不开的，她既重工艺，又重造型。紫砂壶的造型千姿百态，所谓"方非一式，圆无一相"。紫砂壶造型多姿多彩，色泽淳朴雅致，质地坚硬，经能工巧匠的精心制作，加上文人雅士的参与，大大提高了其文化品位，使之可观可赏，可用可玩，赢得了"世间茶具称为首"的赞誉。

参考文献：

1.李敏行.紫砂新鉴，上海科学技术出版社，2009年

2.吴云.紫砂壶精要图鉴，中国轻工业出版社，2009年

浅谈紫砂方器的创作

江苏宜兴 214221 范永军

紫砂陶艺造型丰富，变化无穷。自明代中期以来，经过历代名工巧匠的辛勤劳动，创造了数以万计的各式茶壶、花瓶、花盆和陈设品，是我国陶瓷美术中造型最丰富的一个品种。按其不同的形式及特点，可将它分为圆器、方器、筋囊器等三大类，其中方器造型几乎涉及紫砂陶艺的所有品种。

在各个历史时期，均有非常出色的方器作品和名品出现。明代的时大彬、清代的陈鸣远、民国的黄玉麟等都有方器作品的传世。所谓紫砂方器，主要是针对它的造型呈方形而言，换句话说，凡带有方形的紫砂器具造型，均可纳入紫砂方器造型体系。紫砂方器造型变化众多，古有"方非一式"之说，主要有长方、四方、六方、八方、随方、寓方等几种基本形状。在基本形态的造型处理中，又可以根据高中低，大中小，粗中细演变成几十种不同的方器形态。亦有人在处理时与圆器、筋囊器配合，做到上圆下方，上方下圆，口方盖圆，口圆盖方，也可以做到身圆嘴方，身方嘴圆，或是身圆把方，把圆身方，等等。总之，方器造型的变化可以随着作者对器型的设计创意要求进行或圆或方的处理。

方器的气韵和造型的表达主要运用各种长短直线组成，造型明快，工整有力，具阳刚之气。方器作品讲求"以方为主，方中寓圆，曲直相济"，要求比例协调，轮廓分明，块面挺括，线条平整，口盖紧密，气势贯通，力度透彻。方器茶壶的口盖制作处理十分严格，不论任何方形随意调动壶盖方向，均需与壶口严密吻合，丝丝合缝，处处贴切。

紫砂方器的成型制作方法大体上分为两种：一种是传统的手工镶接法，另一种是模具成型法。全手工镶接就是用泥片镶接，模具成型则是依靠模具用于壶身的挡坯及附件的印制。高档工艺壶一般都采用手工镶接法成型，因为手工镶接成的制品气度饱满、挺拔有力、神气十足。一般商品壶则采用模具成型法，因为作者功底不足，只能脱离紫砂传统工艺，依赖模具印制。用模具成型的基本上都留有模具痕迹，产品亦不饱满，缺少应有的神气。镶身筒技法的成型原理犹如制衣裁缝的立体裁剪，大多以样板裁切泥片粘合而成，而成型的难度与精确度比圆器造型的拍身筒成型有过之而无不及。在制作过程中，只要对一部分湿度、曲度掌握不当，或任何一个平面歪斜，便会在烧成过程中扭曲变形，气势全失。镶身筒成型的一般流程大致是：先将泥料切成一片方形

○—

六方提梁

泥块，用搭子打成厚薄一致的泥片，以事先用金属片(或塑料片)裁好的样板，按作品的设计尺寸形状裁出所需形状，然后相接。壶身制作完成后，再制作嘴、把，然后按紫砂成型工艺中所规定的操作顺序制作，直至完成。方器制作最重视线与面的整体搭配，两者缺一不可。

"润方"是最近创作的一件比较满意的方器作品。作品壶体呈长方柱形，高耸的壶身如同一个伟岸的男子一般挺拔，底部略窄，从壶体延伸出四只角足，沉稳厚重中又带着些轻巧。壶身上刻一幅水墨山水画，使得

全壶又多了几许文人气质和书卷味。壶盖是全壶的一个焦点部分，壶盖无钮，如穹顶一般撑起，与壶身刚直的线条不同的是壶盖上的线条都呈流线一般的弧形，圆润有余，很好地显示出"润"这一主题。

紫砂方器作品同时具有实用和欣赏的双重功能在美观陈设和实用把玩上是独具一格的，毫不逊色于圆器造型茶壶。从选择泥料到配料，从造型创意到构思，从配样板到成型制作，直至烧制成功。从线到点，从点到面的组合，面面俱到。在制作方器的过程中，整体上要求布局合理，运用均衡、协调等艺术法则来处理主体和局部、造型和装饰等关系。设计上讲究视觉上的美观，触觉上的舒适，使用上的安全牢固，以及搭配上的合情合理等。成型中要注意线面块的处理安排有序、处理恰当，显现出紫砂方器造型器皿的刚劲、挺拔、端庄、大度。另外，在整体造型上、细部刻划上要有全面的技巧，包括对泥性的掌握、成型工艺的运用、窑炉温度的控制等，才能得心应手做出高水平的作品来。

紫砂方器的发展之路充满了希望。只要兢兢业业，刻苦钻研，巧妙构思，严谨设计，合理布局，精工细作，相信紫砂方器的发展将呈现灿烂夺目，群星闪烁，多姿多彩的崭新局面。

佛前诵经 茶禅一味

江苏宜兴 214221 范永军

　　茶与禅本是两种文化，在其各自漫长的历史发展中发生接触并逐渐相互渗入，相互影响，最终融合成一种新的文化形式，即禅茶文化。"禅茶一味"的禅茶文化，是中国传统文化史上的一种独特现象，也是中国对世界文明的一大贡献。禅是一种境界。禅茶是指寺院僧人种植、采制、饮用的茶。主要用于供佛、待客、自饮、结缘赠送等。"禅"是心悟，"茶"是物质的灵芽，"一味"就是心与茶、心与心的相通。中国禅茶文化精神概括为"正、清、和、雅"。禅茶一味、禅和茶在佛教当中有千丝万缕的联系，喝茶讲禅，茶道又与禅相结合，所谓禅茶一味，就是要通过喝茶去领悟禅的定义。佛家有言，人生有八苦，生老病死，怨憎会，爱别离，求不得，放不下。这八苦贯穿人生始终，所谓参禅觉悟，便是要勘破这人生八苦。禅之精神在于悟，茶之意境在于雅，茶承禅意，禅存茶中。

　　自古以来，紫砂壶与佛教文化息息相关，我们会在很多的地方，听到紫砂与佛的故事。可以说，从紫砂壶的诞生之日起，其艺术内涵、生活哲学就与佛教思想融合在一起，丝丝入扣。《阳羡茗壶系》记载，相传壶初用时，有异僧经过村庄，呼曰："卖富贵土。"后又有"供春"偷师学艺的"金沙寺僧"。可以说，佛教人士在紫砂起源中，起到了极大的作用。在流传至今的紫砂壶中，也有不少壶都带着佛家禅味，而自明时起，有不少壶以形、以刻入境，不断发展变化，成为了后世比较经典的壶款，散发着独特的禅学魅力。僧帽壶、佛手壶、心经壶、容天壶……从佛教一些经典元素入手，将丰富的佛学文化融入到生活起居中去。

　　在紫砂壶上融入"禅茶一味"的奥义，是佛、禅、茶、壶四者的天作之合！紫砂壶，因茶而生，由茶乃盛，最终携茶而美。紫砂壶营造静谧妙空的氛围，茶中蕴含人生五味，能清心去火，清心明性，茶禅一味，可以清净人的灵魂，给予心灵慰藉。鉴于此，作者创作了这一把紫砂壶——《润方壶》。

　　作品呈六方造型，但是方中寓圆，方圆相济，刚柔相融。壶身是由六个块面拼接而成的，从上往下看是一个不规则的六角形，壶身上端挺括外延，圈足处收缩内敛。值得一提的是此六方器不像一般的方器一样直线直角，有棱有角，相反每一根线条和块面转折都是非常柔美，过渡自然，平滑柔美，足以见得紫砂泥料极强的可塑性，为这件《润方壶》增加了不少自然清趣和几何理趣。在这件作品

○ ── 润方

传统造型的塑造中，紫砂艺人也投入了自己的审美理念和想法创意，才有了这样一件造型独特的作品。让一件传统圆器演变成一件六方器，从外观造型上来说就经历了很大的变化，整器在方圆中自然转换，块面过渡流畅自然，方中有圆，圆中有方，刚柔并济，紫砂艺人把方圆之道的变化演绎到了极致，让欣赏这件作品的人们感受到其中天圆地方之曼妙。整个壶身以饱满为主，六角形的弧线勾勒出整件作品的造型，线条圆润饱满，让整件作品也是方中有圆，让块面和线条更显柔美顺滑。

此壶在装饰上采用了陶刻这一主流技艺。字画陶刻装饰对紫砂作品的本身要体现协调和谐，流畅，手刀起落都必须注意笔画的起势收势，全神贯注，一气呵成，既要放得开，又要收得住，干净利落，胆大心细。这款作品以《金刚般若波罗密心经》为题材，作品从刀中见神采，刀下见神韵。作品中书法线条力度浑厚，不乏飘逸、端庄、稳重。把书法理念融进陶刻，运用各种刀法充分表现以刀代表的韵味，不断追求书画与紫砂的完美结合，增加作品的文化内涵。《金刚般若波罗密》是大乘佛教的经典，其核心奥义就体现在"应无所住，而生其心"这八个字中。它告诉了我们人生的真谛，也劝诫人们不要执着在名利之上，也不要视名利为不能沾染的东西，不论是重视还是刻意躲避，都是执着于相，要做到的就是随性自然，豁达明了。只有这样才能够在人生的沉浮之中，保持心性，获得人生的智慧，也自然能够给自己带来无穷

的福运。

整件作品设计简洁、有力，又充满了传统几何造型与方器的艺术美。壶身上的陶刻更是将禅意带入了壶艺中，使得紫砂真正呈现了"茶禅一味"的意境与理趣。有人说茶最能代表生活，因为能体味先苦后甜的滋味，能感受田园生活的平淡，更有对自身修养性情的审视。对江苏宜兴当地的紫砂艺人来说，他们对这句话的感悟更加深刻，因为正是茶将宜兴紫砂这门小众的茶具转变为世界为之倾倒的陶瓷艺术，从某种意义上来说，紫砂是因茶而生，因茶而兴，茶和紫砂的命运紧紧联系在一起，改变了一座江南小城的命运。

生活在宜兴的人们，对茶和紫砂，是日久生情，慢慢产生了一种特别的爱。但真正从事紫砂制壶这个行业，仍旧是需要坚韧和执着的，毕竟任何一门手工类艺术的未来永远在于不断地坚守与创新。一块紫砂原料泥巴，经过不间断的敲打平整，再小心翼翼地拼接，很快呈现出立体的紫砂壶身。

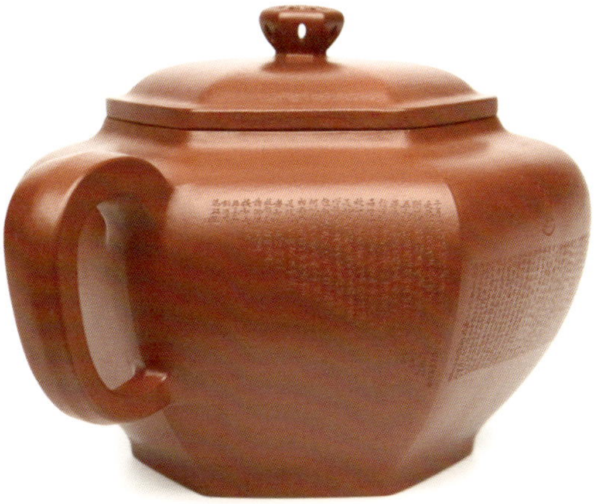

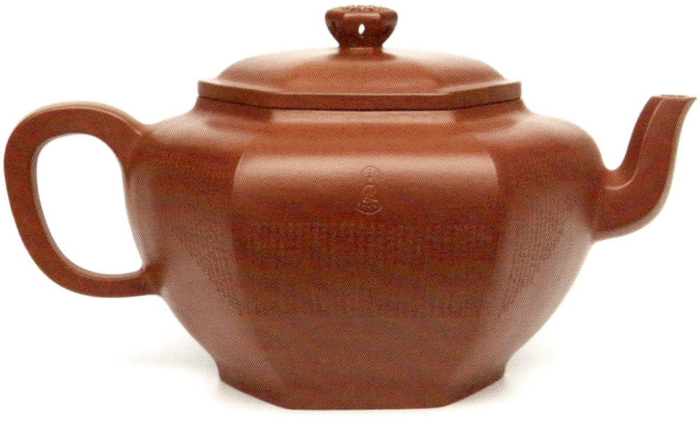

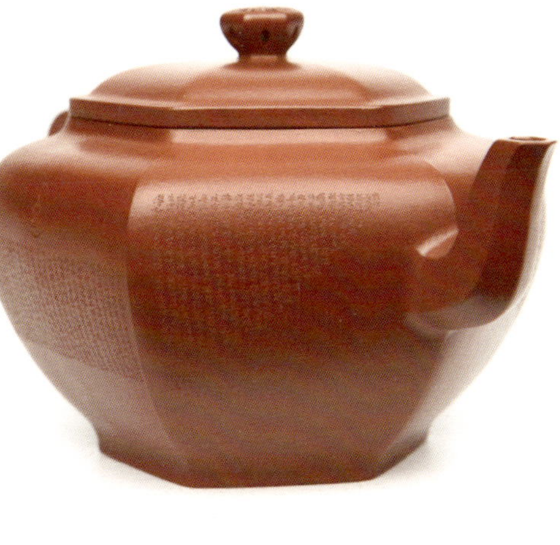

○——

扁
六
方

○——六方掇球

○ ── 方罍

壶身稍微加高，气势更胜，以六方为形，

弧线与棱角的结合堪称刚柔并济，刚毅而不失柔美。

各个部件都采用六方造型，

六方取六六大顺之美意，如意吉祥的意思；

壶钮似壶形，三弯流壶嘴，曲张有度，棱线温润。

关于创作《知足常乐》的壶艺感悟

江苏宜兴 214221 范永军

宜兴紫砂工艺作为一门独特的民间艺术和文化，经过几百年、几十代人的智慧劳动和艺术创作，已自成一体、独树一帜，被世人所推崇。她以其丰富柔和的质感，深沉含蓄的色彩、古朴典雅的风格著称于世，为人们所喜爱和欢迎。

宜兴紫砂工艺的发展，除其有悠久的历史和人文因素外，与我们宜兴地区拥有这片储藏着得天独厚的紫砂原料有很大的关系。宜兴紫砂泥，俗称"五色土"，它朱有浓淡、紫有深浅、黄有不同。它深藏于两层岩石之中，也称"泥中泥"。从开采到烧成，紫砂壶的制作要经过炼泥、制坯、雕刻、烧炼等工序，其中以制胚成型为主要工艺过程。经过几百年来历代艺人的创作实践，形成了一套独有的制作技法。同样，一件好的紫砂作品，必须有一个好的创作构思，合理的原料配制、精细的制作技艺等，这是一个壶艺创作者必须掌握的，缺一不可。

自然界是一个取之不尽的题材库，是用之不完的艺术创作源泉，唯有靠作者的聪明才智，去筛选、去识别。紫砂工艺造型的创作，就是将自然界中物体的形象通过去粗取精，并经过工艺上的加工提炼，成为深入生活的艺术品，丰富人们的精神生活。因此，在创作过程中，必须注意艺术上的变化与统一，气势上的生动与协调，效果上的实用与美观。在造型设计上，应突破个性。俊俏刚柔，纤细厚拙，高矮得体，装饰协调，锦上添花，相得益彰，达到形神兼备，气韵生动，显示出较强的艺术感染力。

在造型装饰上，往往必须用装饰手段加以整理，按照艺术形式美的要求进行加工，这也就是艺术、美术界通常所说的变形处理。在长期的艺术实践中，我刻意从中国文化意识入手，通过陶刻的技术手法在壶身上进行书法与绘画的刻画，以此来传递壶意，并加深主题的展示。

我们总是喜欢一些美好寓意的东西，因为它们预示着吉祥如意。生活中的很多东西都会根据图案、纹饰等寓意来表达祝福与希望。而紫砂壶作为工艺品，有各种造型和装饰，也会带来各种不同的美好寓意。例如作品《知足常乐》，在制作上，尽可能发挥紫砂工艺的泥色技巧，以醇厚尔雅的朱泥大红袍来诠释作品的造型与主题，使得作品造型别致出众，泥色红而不艳，装饰精巧文气，寓意深刻隽永。

紫砂材质的特殊性，决定了紫砂装饰的随意性。尽情发挥，尽力发挥，尽才发挥其效果。紫砂材质不施釉，但可以配置出赤、橙、黄、绿、青、蓝、紫，也可以配置各种各样的

○——

知足常乐

色泥。作者对泥色的巧妙运用，装饰得当，并融入作者的情感，使作品成为一诗、一幅画、一件艺术小品，与地方特色、水乡特色、乡土人情、文化气息紧密结合，息息相关。作品《知足常乐》选用的是原矿朱泥大红袍，这种珍稀泥料产自江苏宜兴境内，系由赵庄山嫩泥矿的底层"黄石黄"中之精华挑拣提炼而成，外观呈咖啡黑色，陶乃红锈色，朱红而不妖艳，使用越久越现古老气息，是濒临灭绝之珍贵名泥，更为古今文人雅士公认的朱泥中之极品！朱泥大红袍含铁量多寡不等，烧成之后变朱砂、朱砂紫或海棠红等色，热水冲淋立展娇嫩鲜红特色，壶身游移紫光显现，神秘迷人风韵令爱壶之人神醉。作品经由

此泥制作，在泥色中尽情展示，在装饰中尽情发挥，来达到壶艺所追求的艺术效果，并释放美好的寓意。

紫砂的造型也是千变万化的，《知足常乐》就是典型的"方中寓圆，刚柔并济"的代表，虽是四方器型，但壶身中无一不显流畅婉转的线条，将壶身轮廓勾勒得挺括饱满。作品造型是在传炉壶的形制上改制而来的，因此保留了大部分传炉的特征。传炉是紫砂壶的一个经典器型，其造型取材于青铜器，而大红袍朱泥的色调则将这种历史感无限放大，富有更多的神秘和细腻。器身形状以方器为基本形，但方中寓圆，比一般方器多了一份圆润之美；壶嘴的造型难度亦高，方中带圆，圆里寓方，三弯流式曲折有致，出水流畅；壶盖延续了全器造型特征，方形圆角，压盖形式，制作精良的壶盖要能四面通转无碍，且面面俱到，能接续全壶气韵。纵观全器，方中带柔，圆中带刚，造型出众，制作精湛，工艺精巧，泥色夺目，美不胜收。

除了泥料与造型之外，此壶的装饰也是全壶的点睛之笔。佛要金装，人要衣装，紫砂也不例外。在紫砂上刻字绘画，描金添彩，更提高艺术价值。装饰的方法有许多，如：陶刻、浮雕、泥绘、彩绘、墨绘……装饰作为一种手段，传递的是一种整体更加得体、更加赏心悦目的效果。因此很多艺人在壶艺创作中特别注重装饰的艺术效果，因为只有把造型艺术和装饰技艺结合，才能给作品带来完整性，带来感官的美的愉悦和享受，使得壶中有画，画中有壶。作品《知足

常乐》选用了陶刻这一装饰，正面刻画，反面题字，两者内容相配，一起诠释了"知足常乐"这一主题。壶身正面的刻画内容是布袋和尚，相传布袋和尚是弥勒佛的化身之一，手拿的袋子既象征福德又象征烦恼，把袋子拿起就是烦恼，放下就是福德。壶面上的布袋和尚状似仰卧，一手持扇，布袋置于一旁，大大的肚子，肥肥的脸蛋，大耳下垂，笑脸盈盈，甚是可人，充满了吉祥福瑞之气。壶身另一面配以"自在无碍"四个大字，既起到了装饰的作用，也突出了主题。在陶刻艺术中，人物是最难驾驭的技法，作者能将画面设计得如此得体，

布局如此合理，证明作者有极高的艺术功底和底蕴。此壶喜气萦怀，值得被收藏。

一件好的作品，除题意好外，关键是运用艺术上的塑造语言，才会动人，受人喜爱，紫砂工艺历经十几代艺人的提高和锤炼，日趋成熟。紫砂艺术的延续贵在创新，只有将传承与创新结合，才能创造出更多善美的紫砂，丰富紫砂陶文化，繁荣我们的紫砂艺术。

○ — 六方仿古

此壶在传统仿古壶的基础上创新为方器造型，
方中藏圆，线面挺括平正，轮廓线条分明，
给予人们干净利落，明快挺秀之感。

○
—

扁
罂

壶言壶语·品位人生 _____

延续紫砂 ————————

　　做壶人把不同的情感愿望、人生境界和万事万物万种情愫艺术化地糅合在泥料之中，一经妙手点化，瓜果梨挑、人物众生等这些带有灵性的生命便奇美跃出。不仅成了品茗的正宗茶具，而且还成了天下人，特别是文人墨客陶冶情操、怡情雅玩的绝妙佳品。不论摆放在哪里它都不张扬，不表白，也不怕被埋没，更不在意人们是否发现它的真正价值，尊贵的气质宠辱不惊。

耽于雅乐　其乐无穷

江苏宜兴 214221 范永军

清代饮茶之风尤盛，人们饮茶不仅讲究茶叶的质量、贮存的手段、制泡的方法以及水质的好坏，而且越来越注重茶具艺术品位的优劣。这样一来，客观上也促进了陶瓷茶具的发展。茶具中最能体现时代风尚和文化品位的首推宜兴紫砂。说到宜兴茶壶，欧阳修在《和梅公仪尝茶》中写"喜共紫瓯吟且酌，羡君潇洒有余情"，米芾在《满庭院》中说"轻涛起，香生玉尘，雪溅紫瓯圆"。由此可见宜兴紫砂的魅力之大了。可以说宜兴手工紫砂陶技艺有着悠久的历史和很高的艺术成就，享誉世界艺林，并以其独特的原料材质，精湛的手工技艺，古朴的自然色泽和百态千姿的造型艺术，在工艺美术苑林中独树一帜，异纷存彩，经久不衰。

宜兴紫砂壶自古以来就用"方非一式，圆不一相"形容其造型形式的丰富。发展至今，紫砂壶器的类型可概分为四大类：圆形器、方形器（这两种也可以叫光货）、筋纹器、花色器（俗称花货）。其实，紫砂壶还有一个类型——提梁式，因其体积大而圆，有利于储存与分茶，倾倒容易，使用方便，几乎成了人们日常生活中的必需品，极具时代特征。宋代大文豪苏轼谪居宜兴蜀山讲学时，非常讲究饮茶，有所谓的"饮茶三绝"之说，即茶美、水美、壶美。而在众多

紫砂壶型中，独爱提梁。据说他还专门设计了各种提梁壶，烹茶审味，怡然自得，题有"松风竹炉，提壶相呼"的诗句，可见提梁壶的巨大魅力！

现在，提梁壶成为了紫砂众多壶式之一，基本形制为：小口，细流，鼓腹，平底，有盖。为了提拿方便，在肩部两端连以半月形提梁。提梁壶是一种比端把壶年代更早的壶式，因为古人饮茶，是将茶壶放在茶炉上烹煮，用提梁壶较为方便。提梁壶可分为两种形式：一种是硬提梁，另一种是软提梁。硬提梁是与壶身同时制出。还有一种金属提梁壶，是用螺丝将单梁固定在系纽上，也属于硬提梁的一种。硬提梁壶，平时所占空间亦大。但提梁的形式感强，上虚下实，上轻下重，既飘逸又沉静，往往显示出一种高雅气质。软提梁也叫活提梁，有单梁、双梁之分。软提梁壶是制坯时在壶的肩部做一对用来安装提梁的系纽，壶烧成后，用金属丝或金属细管、细藤条、细竹根等做成半圆环，装在系纽上。金属提梁多为双梁，藤、竹提梁多为单梁。

《乐提梁》是受顾景舟大师的"此乐提梁"的造型提示后设计创作的，为并不多见的六方硬提梁。"此乐提梁"在顾老的制壶生涯中最能体现其愉悦的心情，他在追求更高的艺

○——

乐提梁

术境界，在探索的过程中，获得了只有自己才能感受到的无穷乐趣，用"自有乐处"这四个字来形容，再贴切不过了。《乐提梁》自是延续了"此乐提梁"的创作意境，一个"乐"字贯穿始终，既体现了创作者的心境，也期许能带给观赏者无穷的乐趣。

首先艺人在选择泥料时特意选择了清水泥。清水泥是纯正的紫泥矿直接陈腐加工成熟的泥料，我们称之为"普泥"，是日常制壶较常用的泥料之一。泥性为干湿易掌握，稳定性高，黏性合理，成型较易。泥色醇和尔雅，文人气息浓厚，大小件作品皆可展现紫砂风华；易与使用者产生共鸣，为明初陶手最喜使用的泥料之一。以此泥制作而成的茶壶颜色红而不艳，质地醇厚温和，使用日久，泥色变成朱肝色，红润温和，亲和力佳，泡茶温度掌握简单，茶汤清气悠扬。而在心理学中，颜色可以使人的情绪发生转变，红色代表热情、欢乐，情绪饱满和激烈，能够激发爱的情感，给人带来温暖感，让人体会到激动、欢乐、愉悦等一系列感受。作品的主题为"乐"，故而以清水泥制作，在壶体呈现、寓意表达、情感共鸣上都达到了高度统一。

在壶体的造型选择上艺人选择了六方器型。一般提梁壶式壶体基本为圆形式样，但是在《乐提梁》的创作上特意定型为方器，且与"大彬六方"有着异曲同工之妙。此壶做工严谨，且上手俱佳；壶身呈六棱柱型，壶盖与壶口相就对亦呈六方圆形，混六方的小圆钮刚柔并济。规则四棱形

弯流壶嘴以及提梁把，壶的所有部位与壶形体相称，整体线面挺括平整，有棱有角，给人明秀挺快，干净利落的阳刚之美，做到"方中寓圆，方中求变，口盖划一，刚柔相称"，足见制壶者精湛的制壶工艺。此外，壶体六面，也象征着六六大顺之意，中国人很早就尊崇"六"这个数字，其主要原因，就是把她视为吉祥顺利、安康幸福的符号。所以此壶除了造型美观之外，更多了一份吉祥如意的美好寓意。此壶，使用性好，简约中更具有赏玩价值，再加上红艳的色泽，光华夺目，气质高雅，令观者感受瑞气临身，有鸿运当头之意。

在细节上，艺人也是下了一番功夫。每一处细节，每一种角度，都处理得恰到好处，增一分则太肥，减一分则太瘦，足见其功力，尤其是方中寓圆的壶身与夸张的瘦高提梁相互映衬，使整体造型看来既协调又隽永有味。方形高提梁顺壶身肩部向上渐开，顶部与壶底匀称辉映，结构严谨，成倒梯形，和壶身上下对称。壶体轮廓明朗，曲线张劲有力，于拙朴中见纤巧。超高的提梁和均扁的壶身完美协调，虚实处理得恰到好处，线面简洁光素，大美无言。

林语堂曾经说过：捧着一把茶壶，可以把人生煎熬到最本质的精髓。对于艺人来说，紫砂已经深入自己的生命，如影相随，成为不能剥落的重要组成成分。"为伊消得人憔悴"，其中滋味，岂不知艺人实为陶醉其中。壶以清心，壶以言志，壶以雅乐，紫砂壶，使人耽于雅乐，其乐无穷。

○——

墩 方

○ — 斛 棱

此壶端庄大方，色泽温润，制技精巧，线面和谐。
整器造型布局合理，营造出虚与实、圆与方的对比，
使此壶更具古色古香之沉韵。

○—润
福

浅述《君四方》的造型特色和寓意

江苏宜兴 214221 范永军

　　艺术是时代发展的产物，任何艺术的发展都离不开时代的大环境，唯有植根于传统，与时代相交融，将时代元素、美学思维融入设计中，才能使之具备鲜活的生命力。紫砂壶发展至今，始终在中国传统文化之林独树一帜，闪耀着无限魅力，如今更是呈现出百花齐放、百家争鸣的局面，这与紫砂壶与时俱进的精神密不可分。在现代紫砂艺人创新思路的引导下，紫砂壶不断超越传统的桎梏，成为兼具实用性和艺术性的艺术品，表现出独特的人文色彩和时代内涵，真正成为中国人精神与心灵的归属。

　　紫砂壶经过几百年的发展，其造型千变万化，但"万变不离其宗"，归根结底，其造型始终在方形与圆形之中变化。紫砂壶的发展离不开传承，所谓"去其糟粕、取其精华"，即站在前人的肩膀上，汲取前人所创造的成果，让艺术得到更好地发展，是每一位紫砂艺人应该做的事。如今众多器型，都是在传统器型的基础上做出改进、演变而来，紫砂壶《君四方》正是在传世之作"传炉"的基础上改造而来。传炉壶一经出世，便受到人们的广泛喜爱，一直以来，模仿制作此壶的人数不胜数，要在众多作品中脱颖而出实属不易，因此，紫砂壶《君四方》的创作无疑是一个巨大

的挑战。

　　紫砂壶《君四方》是典型的方器，方器看似简单，但制作难度大于圆器，会做方器的艺人一般会做圆器，会做圆器的艺人却未必会做方器。对于紫砂方器的鉴赏有四大要点：第一，作品要有"度"，构思合理，比例得当，表现出层次感和空间感；第二，作品要有"力"，线条有力、角度有力、衔接有力、虚实对比有力，如同一位健硕的年轻人；第三，作品要有"角"，方器采用镶接身筒的方式形成，讲究角度端庄，线面界定明显，角度协调对称；第四，作品要有"润"，方器是由多个面嵌接而成的，在"公共边"的处理上要注重"方中寓圆"的艺术感受，使线条富于变化，刚劲而不乏灵动。

　　纵观紫砂壶《君四方》，作品呈四方形制，底部无足，重心下沉，平衡线匀挺，彰显出庄重稳定之感，身筒上小下大、过渡平缓、上下呼应，四条棱线直中带曲、曲中带直，富于变化，侧角方中寓圆、圆中寓方，给人以刚柔并济的美感；身筒中部向外挺出，给人以张力十足的力感；壶流为一弯流，蜿蜒优雅，圈把上挺，流、把遥相呼应，皆呈四方造型，方圆并济，与壶身相辅相成，造型上统一和谐；壶盖为四方形压盖，大四

○──

君四方

方、小四方相互呼应，给人以层次感，盖面微微盈起，形成饱满的张力；四方珠钮方圆相济，横跨盖面中央，起过渡协调之用。整壶线条挺括平整，方中藏圆，注重线面的衔接与变化，轮廓分明，明快挺秀，宛如一位稳重儒雅、风度翩翩的君子，温润如玉。此壶相对传统"传炉壶"，肩颈处更显力度，转折处的棱线更有挺拔之感，展现出内涵沉稳又颇具现代感的艺术个性，将紫砂方器的"度、力、角、润"四个特点展现得淋漓尽致，可以说，此作实现了传统向现代的成功转变。

方圆相济的哲学思想不仅体现于中国人的造型美学，更代表着中国人的精神美学。紫砂壶《君四方》如同一位温雅的君子，体现出刚柔并济的气质，将紫砂壶与文人个性相结合，表现出中国文人所追求的诸多精神内涵。首先，《君四方》体现了方圆并济的处世哲学，《老子》中说：上善若水，水善利万物而不争。一滴水，

可方可圆，泽润万物；一个人，能方能圆，方圆相济，便可活得豁达、圆满。方是一种坚毅、一种正直，更是一种做人的根本，亦是做人的气节和原则。圆是一种周全、一种宽厚、一种通融，更是一种大智若愚的人生智慧。其次，《君四方》展现了中国人"慎思明辨"的思想。真理是不断发展的，人的认知在实践和否定中得到发展。《君四方》气质敦儒、谦逊，方圆结合喻示着为人要谦虚宽容，告诫人们应虚怀若谷，保持空怀心态，恪守慎思明辨，不断提高完善自己，如此必将天道酬勤、思者常新、博观约取、厚积薄发。紫砂壶《君四方》简约而不简单，造型和寓意完美统一，传统与现代相融合，匠心独具，彰显出整壶的立意主旨，可谓艺术价值和人文内涵兼具。

宜兴紫砂壶创作题材广泛，生活百态、自然万物皆可融入壶中，经过恰当的提炼，以紫砂的艺术语言表现出来，给人以鲜明具体的直观感受，让人从中领悟到深刻的人生真谛。"问渠那得清如许，为有源头活水来"，艺人懂得紫砂艺术的真正魅力，理解艺术交流后相得益彰的美，更清楚能走出去的紫砂才会光芒长存。也正是依靠一代又一代紫砂艺人的坚守，紫砂艺术薪火相传，代代交叠，闪耀出熠熠光辉。

○——

传
炉

一圆 ◎ 一无限

『圆』在中国传统哲学思想中代表了『和』，蕴含着吉祥与美好。紫砂圆壶，以简洁的形式来表达思想，表达美感，表达作者的个性和见地，将作者的情感注入到形体之中，以体现作者的艺术修为。

壶人·文人的紫砂之缘

江苏宜兴 214221 范永军

紫砂壶被冠以"文人"的名号，可见其中深厚的文化内涵。文人紫砂壶不仅仅是由于文人的参与设计和陶刻装饰，更重要的是表达其"淡泊以明志，宁静以致远"的文化特征，呈现出超然物外的意境和情趣，是一种心灵上的抚慰和寄托，也是一种情感与文化的体现，以情融壶，妙在其中。

说到文人壶，我们最为熟悉的就是"曼生十八式"的设计者陈曼生。这位江苏溧阳县令也是清代著名的"西泠八家"之一，善于书画、篆刻，潜心紫砂，设计了诸多经典的壶型，同时上面的铭文也是非常地具有文人气息，他把异地为官的孤独和仕途的苦闷都寄托在紫砂壶中，直到今天，曼生壶依然为广大的壶友所喜爱，成为传世经典。还有一位人物，就是清代书画家、陶艺家瞿子冶，他首创了子冶石瓢，是继陈曼生之后，又一位将紫砂壶与书画紧密结合的文人，堪称"书绝、画绝、壶绝"，子冶石瓢目前也是最受文人雅士欢迎的器型，历久不衰，延续至今。清晚期的梅调鼎可谓是继陈曼生之后文人紫砂壶第一人，他在紫砂壶铭文与壶铭书法两方面所达到的审美文化高度，至今还没有人能同时逾越，极大地丰富了紫砂文化的内涵，滋润了世世代的紫砂艺人和广大的壶友。

现代文人壶首推顾景舟大师的石瓢壶。顾景舟大师在20世纪40年代末期常往来于宜兴、上海之间，经铁画轩主人戴相明介绍认识了江寒汀、唐云、吴湖帆、王仁辅、来楚生等著名书画、篆刻家，令他的创作思想与艺术格调多了不同视野的养分。1948年，顾景舟精心制作了五把石瓢壶，由吴湖帆各题诗句，分别由吴湖帆、江寒汀等画竹、梅图案，除自己收藏一把外，其他慨赠吴湖帆、戴相明、江寒汀、唐云。这五把壶陶、书、画、刻珠联璧合，可称文人气息浓郁的杰作，而顾景舟之"舟"字款也自此五把始用，意义非凡。

紫砂壶《天地一轴》也是由文人与艺人结合创作出的紫砂壶，韩美林大师设计，正高级工艺美术师范永军制作，两位艺术大师联袂打造了一款造型优美、气质出众的紫砂壶，再一次展示了文人壶的艺术之韵。

韩美林，男，1936年12月26日生于山东，中国当代极具影响力的天才造型艺术家，在绘画、书法、雕塑、陶瓷、设计乃至写作等诸多艺术领域都有很高造诣，大至气势磅礴，小到洞察精微，艺术风格独到，个性特征鲜明，尤其致力于汲取中国两汉以前

此壶由清华大学美术学院教授韩美林设计

文化和民间艺术精髓，并体现为具有现代审美理念和国际通行语汇的艺术作品，是一位孜孜不倦的艺术实践者和开拓者。二十世纪八十年代，紫砂艺术深深地吸引住了韩美林的目光，用现代陶艺来设计紫砂壶造型的想法，也在他心中悄然萌发。于是其先后与多位紫砂艺人合作，创作了无数经典壶型。每当有了灵感，韩美林先生就立刻画草图，这些图纸全部交由紫砂艺人进行鉴定并提出修改意见，由此《天地一轴》就这样诞生了。

艺人一看到"天地一轴"的图纸，就感觉到这个提梁非常特别。虽然韩美林的设计草图让他眼前一亮，但是要把这一个平面的设计变成一件立体的作品，还需要从很多具体的方面来考虑衡量。最终成型的提梁，上宽下窄，成不规则方形，给人一种夸张而奇异的观感，它与壶体之间所形成的虚实空间，也不禁惹人联想。《天地一轴》融合了艺人精湛的壶艺以及韩美林教授超前的设计理念，造型端庄周正而具有时代气息，色泽明亮泛黄，朴雅高洁。艺人将超高提梁的紫砂壶从设计稿变为现实，每一处细节，每一种角度，都处理得恰到好处，增一分则太肥，减一分则太瘦，足见其功力。此壶壶身饱满，扁圆似鼓，下腹略丰，上部内收，一捺足，沉稳有力。壶盖陷于壶身，形状独特的壶钮与充满张力的提梁形状相呼应。壶盖亦采用扁圆形，与夸张的宽和提梁相互映衬，使整体造型看来既协调又隽永有味。方形高提梁顺壶身肩部向上延伸，顶部与壶底匀称辉映，结构严谨，呈长方形，和壶身上下对称。壶体轮廓明朗，曲线张劲有力，于拙朴中见纤巧。超高的提梁和均扁的壶身完美协调，虚实处理得恰到好处，线面简洁光素，大美无言。

壶身采用陶刻装饰，"天地一轴"四个苍劲大字跃然壶面上。陶刻字体笔画中透出一种奇巧灵秀之气，其字构的妙造，表现出浓烈的现代构成意识，真正做到"如云悠悠，绝非形色，如水荡荡，绝非流波"，欣赏这样独特的作品，别有一番体验。

韩美林在他的自传中说过："即使吞进一块铁，我也能熔化为动力。"世人只是看到了他的作品，欣赏感受他作品中表达的美和意境，可这美和意境背后，是人生积淀，是命运多舛，是难以想象的苦难和折磨，这美和意境其实是厚积薄发，是淬炼凝聚。这位80多岁的老人，人生阅历可以用坎坷艰难来形容，但他在自己的作品中最想表达的，仍旧是纯真的爱。于是在《天地一轴》中，我们感受到的是紫砂的博大，思想的广阔，爱的磅礴。

文人与艺人在紫砂艺术中的一次又一代合作，都在告诉我们，壶艺创新要有形、神、气三要点，要强调轮廓、线条、体积、比例的学问，要有扎实的基本功和灵巧的双手，还一定要抒发情感。情感的表达是艺术的最终归宿，紫砂作品只有包含情感，才能打动人。

○—石瓢

○—
虚
扁

○—潘 壶

此壶器型典雅，壶腹饱满，壶底与壶口口径一致，
形成上下应和之势，一变嘴斜出，
耳形壶把随身势而动，显得柔韧有余。
饱满的珠钮置于壶顶，协调有致，整器更显雅致。

○
—
西
施

　　壶体圆润、光滑，壶盖厚实、轻巧，身与盖自然衔接，
过渡顺畅，浑然一体，默契地构筑了柔美光滑的曲线；壶嘴
微微从盖沿附近延伸出，翘首而置，神气、洒脱；壶把与普
通壶把不同，上下倒立，增添了三分柔美。

○
—
三
脚
鼎

与上海著名书画家陈鹏举合作

此壶器身圆硕，三只乳丁足置于壶底，壶盖微凸，壶钮同为圆球形，三只足丰腴饱满，情趣盎然。弯嘴上翘有度，圈把随身势，整款壶显得珠圆玉润，若女子饱满丰腴之乳，清秀柔美，撩动人心。

高山流水
紫泥知音

　　每一件作品都有它自己的艺术品格，努力寻找和注重的是一种洒脱、素朴、宁静的自然韵律之美，并且希望通过自然之美来阐扬人文情怀，这种人文情怀一直蕴含在中华文化的深处，是民族文化中最宝贵的财富。

　　这些形态各异、精工细作、沉默无言的作品，就像是作者的知音一样，深深懂得他的真实内心。读懂这些作品，当然也就读懂了属于作者自己的那个中和饱满、色彩鲜明的世界。

○
——
井
栏

○
—
赐
福

花样年华杯系列——春

花样年华杯系列——夏

花样年华杯系列——秋

花样年华杯系列——冬

○ — 百和杯

○—合欢杯

图书在版编目（ＣＩＰ）数据

　　宫廷珍韵 / 范永军编著. -- 哈尔滨 : 黑龙江美术
出版社，2022.7
　　ISBN 978-7-5593-8583-3

　　Ⅰ．①宫… Ⅱ．①范… Ⅲ．①紫砂陶－陶瓷茶具－研
究－中国 Ⅳ．①K876.34

　　中国版本图书馆CIP数据核字(2022)第110648号

GONGTING ZHENYUN
书　　　名：宫廷 珍韵
出 品 人：于　丹
作　　　者：范永军
责 任 编 辑：步庆权 李　瞳
责 任 校 对：于　澜
装 帧 设 计：陆子瑶
出 版 发 行：黑龙江美术出版社
地　　　址：哈尔滨市道里区安定街225号
邮 政 编 码：150016
发 行 电 话：（0451）84270514
经　　　销：全国新华书店
印　　　刷：宜兴市腾龙彩印有限公司
开　　　本：889mm×1194mm　1/16
印　　　张：7.5
字　　　数：87千字
版　　　次：2022年8月第1版
印　　　次：2022年8月第1次印刷
书　　　号：ISBN 978-7-5593-8583-3
定　　　价：286.00元